팡타그뤼엘

PANTAGRUEL

제5서

프랑수아 라블레 지음 | 권국진 옮김

신아사

차례

Pantagruel
제5서

여기에 신관 바크뷔크의 신탁소 방문과 술병 신의 신탁이 들어 있고, 이 신탁을 얻기 위한 긴 여행이 계획되어 있다.

1564년

팡타그뤼엘의 영웅적 언행록 제5서를 위한 프랑수아 라블레의 서문

관대한 독자들에게

지칠 줄 모르는 술꾼과 귀한 매독병자, 여러분이 한가하고 나도 더 이상 바쁜 일이 없을 때, 내가 여러분에게 물어보건대, 왜 모든 사람이 쓰는 요즘 속담으로 '이 세상은 더 이상 어리석지 않다'라고 말하는 걸까요? '어리석다'는 랑그독 지방의 말로 짠맛이 없는, 소금기가 없는, 맛도 없고 싱겁다는 뜻이지만, 은유로 바보, 멍청이, 얼간이, 천치의 뜻을 가지고 있습니다. 여러분은 논리적으로 결론을 내릴 수 있는데, 이 세상은 이전에 바보였지만 지금은 모두 현명해졌다고 말하고 싶으신 것 아닙니까? 이 세상이 얼마나 많은 사람과 어떤 이유로 바보였겠습니까? 얼마나 많은 사람이 또 어떤 이유로 현명해진 걸까요? 왜 바보였을까요? 왜 현명해진다고 하는 걸까요? 여러분께서 옛날 사람을 어리석다고 할 수 있을까요? 무엇 때문에 요즘 사람들을 현명하다고 할 수 있나요? 무엇이 이 세상을 바보로 만들었나요? 무엇이 이 세상을 현명하게 만들었나요? 바보 같은 세상을 좋아한 사람들과 현명한 세상을 좋아한 사람들 중에 어느 쪽의 수가 더 많을까요? 얼마동안이나 이 세상은 바보였을까요? 얼마동안이나 이 세상은 현명해졌던 걸까요? 예전의 어리석음은 어디서 온 걸까요? 후대의 현명함은 어디서 올 것이라고 할 것인가요? 왜 현세에 이보다 더 늦는 일 없이 옛날의 어리석음은 끝장나버렸을까요? 왜 현세에 이보다 더 앞서는 일 없이 현재의 현명함이 시작되었을까요? 예전의 어리석음에는 우리에게 어떤 악이 있었을까요? 후대의 현명함에는 우리에게 어떤 선이 있었을까요? 예전의 어리석음은 어떤 식으로 사라져 버렸나요? 지금의 현명함은 어떤 식으로 다시 회복시킬 수 있을까요?

좋으시다면 대답해 주기 바랍니다. 나는 여러분을 존경하는 마음에서 여러분의 마음을 상하게 하지 않을까하는 염려 때문에 다른 간청은 하지 않을 것입니다. 부끄러워하지 마시기 바랍니다. 천국의 적, 진리의 적인 악마에게 차라리 고백하는 게 나을지 모르는 일입니다. 여러분! 용기를 내세요! 여러분이 내 편이라면 설교의 전반부라도 세 번이나 다섯 번쯤 술을 들고 난 다음에 내 질문에 대답해 주기 바랍니다. 만일 악마의 편이라면 물러가라, 사탄아! 입니다. 나는 여러분에게 목소리 높여 맹세하지만, 이러한 부탁이 문제를 푸는데 내게 큰 힘이 되지 않는다면, 여러분께 그 문제를 제기한 것을 옛날에, 아니 지금 당장 후회하게 될 것은 틀림없는 사실입니다. 하지만 늑대의 귀를 붙잡고 있는 것 같은 진퇴양난이라고 할 정도는 아니지만 그와 같은 곤란한 처지에 있습니다.

뭐라고 하셨나요? 잘 알겠습니다. 여러분은 대답할 생각이 없으신 것 같습니다. 그럼 내 턱수염에 걸고서 나도 대답하지 않겠습니다. 다만 『사도들의 풍적』[1]이라는 제목의 책 저자인 존경할 만한 신학박사 선생이 미래를 내다볼 수 있는 능력으로 그 일에 대하여 예언하고 있다는 것을 여러분에게 알려드리겠습니다. 이 방탕한 사제는 뭐라고 말했나요? 한번 들어보십시오, 당나귀 불알 같은 여러분, 들어보십시오.

어리석은 세상 사람들이
체발剃髮하는 대사大赦[2]의 해는
30 위의 수. 오, 불경하도다!
바보와 같도다. 그러나 허풍사설의 끈기 부족으로
더 이상 바보는 아니요, 아귀도 아니도다.
이른 봄에는 그 꽃을 두려워한
풀의 달콤한 열매[3]의 콩깍지를 벗기니라.

여러분은 이것을 들으셨나요? 이것을 아시는지요? 이 신학박사는 옛날 분, 그의 말은 라코니아 식, 그의 문장은 스코투스 식이라 애매모호합니다. 그 자체가 심오하고 난해한 문제를 논하고는 있지만, 이 선량한 사제의 가장 훌륭한 해석자들에 의하면 '대사의 해는 30 위의 수'란 1550년 당대에 포함된 해입니다. 세상 사람들은 그 해의 꽃을 두려워하지는 않을 것입니다. 이른 봄이 다가오면 세상 사람들은 더 이상

---

1 가공의 책으로 『팡타그뤼엘』 제 7 장에 나오는 파리 생 빅토르 도서관의 도서목록에 들어 있다.

2 1091년 로마가톨릭교회에서 교황이 신도에게 죄를 면하는 대가로 금품을 받고 발행한 면죄부의 일종.

3 잠두(콩)을 일컫는다.

바보라고 하지 않을 것입니다. 솔로몬이 말한 것처럼 무한히 많은 바보들은 분노하며 사라질 것이며, 모든 어리석은 광기는 끝을 맺을 것입니다. 아비첸나[1]가 '다양한 바보 그 수는 무한하다'고 말한 것처럼 어리석은 광기도 무수히 많습니다. 어리석은 광기는 추운 겨울 동안에는 중심부에 모이지만 이제는 주변에 나타나 나무처럼 수액 속에 있게 됩니다. 경험이 우리에게 그것을 증명해 주고 여러분이 알고 있는 그대로 입니다. 이것은 그 옛날 위대한 히포크라테스[2]가 그의 『경구집』에서 탐구한 바 있습니다. 그는 '광기는 이른 봄에 ……' 라고 말했습니다. 따라서 세상 사람들은 현명해지고, 이른 봄, 다시 말해서 (여러분도 손에 술잔, 눈에는 눈물지으며 경건한 마음으로 믿고 있는 것처럼) 사순절의 잠두 꽃을 더 이상 두려워하지 않을 것이며, 보기에는 아름다운 나비같이 화려하게 피고, 풍성하게 피고, 만발하게 피어 이루어진 허다한 책들, 그러나 사실은 헤라클레이토스[3]의 저작처럼, 권태롭고, 불쾌하고, 위험하고, 까다롭고, 난해하고, 피타고라스[4]는 (이분은 호라티우스[5]의 증언에 의하면 잠두의 왕이지만) 이 피타고라스의 수리數理처럼 난해

1 아랍의 의학자이자 철학자.

2 고대 그리스의 의학자(기원전 460?-377?). 경험을 중시하는 과학적 의학의 기초를 확립하고 의사가 지켜야 할 도덕을 '히포크라테스 선서'로 규정하여 서양 의학의 아버지로 일컬어진다.

3 고대 그리스의 철학자(기원전 540?-480?). 불이 조화로운 우주의 기본적인 물질적 원리이고, 만물은 유전하는 것이라고 주장했다.

4 고대 그리스의 수학자, 철학자, 종교가(기원전 580?-500?). 수(數)를 만물의 근원으로 생각하였으며, '피타고라스의 정리'를 비롯하여 삼각형의 내각의 합은 두 직각과 같다는 사실을 발견하고 이를 증명하였다.

5 아우구스투스 황제 시대에 로마에서 활동한 서정 시인이자 풍자작가.

하고 모호한 책도 더 이상 두려워하지 않게 될 것입니다. 이런 책들은 사라져 다시는 나타나지 않으며, 두 번 다시 읽히지도 않을 것이며, 보이는 일도 없을 것입니다. 이것이 그들의 숙명이며 예정된 종말입니다.

이런 책이 나오고 이어서 잠두 콩깍지가 나타났습니다. 그것은 즐겁고 열매를 맺는 유익한 팡타그뤼엘리슴[1]의 책들인데, 이것은 다음 번 대사大赦의 시기에 대비하여 요즘 매우 잘 팔리며 입소문을 타고 퍼져 많은 세상 사람들이 그 연구에 몰두하고 있습니다. 그리하여 지금 세상 사람들이 현명하다고 불리어지고 있습니다. 그래서 여러분의 문제는 완전히 해결이 된 것입니다. 선량한 여러분도 이와 같이 행동하기 바랍니다. 여기서 한두 번 시원하게 기침을 하시고, 쉬지 않고 아홉 잔 정도 마시기 바랍니다. 왜냐하면 포도밭은 아름답고, 고리대금업자들은 자기 목을 매달고 있기 때문입니다. 이런 좋은 시기가 계속되면, 나는 그들이 목매다는데 사용하는 끈 때문에 많은 비용이 들어가게 될 것입니다. 저들이 사형집행인의 벌이를 절약하여 그들 스스로 목을 맬 생각이라면, 언제라도 수십 번이라도 나는 돈을 받지 않고 얼마든지 목매다는 끈을 제공할 생각이 있기 때문입니다.

따라서 도래하게 될 예지에 대비해 옛날의 어리석음으로부터 벗어나기 위해서는 여러분의 쓸모없는 자료집에서, 황금의 넓적다리를 가진 늙은 철학자[2]의 상징은 지금 당장 삭제해 주기 바랍니다. 이분은 그 상징으로 잠두를 사용하고 이것을 먹는 것을 다른 사람에게 금하고

---

1 라블레의 윤리적 철학적 사상으로 팡타그뤼엘적 정신적 쾌락주의를 일컫는다.

2 피타고라스.

있지만, 모든 좋은 동료들 사이에는 이 철학자가 여러분에게 잠두[1]를 금한 것은 카믈로티에르[2] 성주인 변호사의 조카가 되는 연수軟水 의사 고故 아메르와 같은 의도에서였다는 것이 명백한 사실로 간주되어야 할 것입니다. 이 선생은 자고의 날개나 암탉의 엉덩잇살이나 비둘기의 목살을 환자들에게 금하고는 이렇게 말하는 것입니다.

'날개는 불길하고 엉덩잇살은 의심스럽고 목살은 그 껍데기를 벗기면 좋다'라고 말입니다. 이 선생은 이것을 자기 입을 위해서 남겨두고 환자들에게는 다만 잔뼈를 씹어 먹게 한 것입니다. 이것을 뒤따른 것은 두건을 쓴 법사들인데 우리에게 잠두를 금하고 있습니다. 다시 말해서 팡타그뤼엘리슴의 책들을 금한 것인데, 그것은 또한 필록세누스나 시칠리아의 그나토를 모방하고 있는 것입니다[3]. 자기들 사원식과 뱃속의 쾌락을 일삼는 고대 건축가들은 연회 중에 맛있는 요리가 나오면, 고기음식 위에 침을 뱉어 사람들이 겁이 나서 먹지 못하도록 했던 것입니다. 그래서 몹시 보기 흉하게 코를 흘리며 카타르에 걸려 늙어빠진 가짜 신자들은 공사公私의 구별 없이 좋은 맛이 가득 찬 책을 싫어하고, 추하고 파렴치하게 여기에 침을 뱉습니다. 그런데 우리는 지금 운문이건 산문이건 우리의 갈리아 말로 몇 개의 훌륭한 책을 읽을 수 있고, 가짜 신앙심이나 고트 시대의 유물로 남아 있는 것은 많지 않지만, 그래도 나는 많은 관대한 시인들이나 연설가들 사이에서 아무

1 잠두라는 우의로 쓴 말이 신교의 교리 또는 그것을 말하고 있는 책, 라블레의 작품임을 증명하는 대목이다.

2 값싼 물건 판매인.

3 플루타르크에 의하면 고대의 대식가들이 남의 요리에 침을 뱉어 먹지 못하게 했다고 한다.

말도 하지 못하는 벙어리라고 소문나기보다는, 차라리 속담에 있는 대로 백조 속에 끼어들어 거위처럼 재잘거리거나 소리 지르는 일을 하고 싶습니다. 게다가 다만 파리를 바라보며 하품을 하고, 아르카디아의 당나귀처럼 악사들의 노래에 귀를 기울이고, 말없이 표정만으로 덩달아 이구동성으로 열변은 알아들었다고 눈짓을 하는 것만으로, 다른 사람의 그림자나 머릿수만 채우는 역할밖에는 하지 못하는 자들 속에 끼기보다는, 이 고상한 연극을 하는 연기 잘하는 배우들 틈에 끼어들어 촌놈 역할이라도 하는 것이 더 낫다고 생각합니다.

이런 선택과 결심을 한 이상, 나의 디오게네스[1]의 술통을 굴리는 것이 보잘것없는 행동을 하고 있다고 생각할 수 있겠지만, 결국 여러분은 나의 이런 행동을 보고 내가 전례에 없는 생활을 하고 있다고 말할 수 없을 것입니다.

나는 콜리네[2], 마로, 두루에, 생쥴레, 살렐, 마쥐엘과 같은 허다한 사람들, 그 밖에 갈리아의 시인과 웅변가들의 긴 대열을 바라보고 있습니다. 그리고 오랜 시간에 걸쳐 파르나소스 산[3]에서 아폴로 학파에 머물며, 카발랭의 샘물에서 명랑한 여시신들에게 둘러싸여 물 잔에 술을 가득 따라 마셨고, 이분들이 우리나라 말의 불후의 제작소에 베풀어 준 것은 파로스의 대리석, 설화석고, 반암, 멋진 시멘트뿐이라는 것을

1 기원전 5세기에 활동한 그리스의 철학자로 인격적 본보기를 보임으로써 견유학파의 철학을 전파하였다.

2 이하 프랑수아 1세 국왕 당대의 시강(侍講)들로 왕립교수단 창설에 기여한 인물들이다.

3 그리스 중부 코린트 만 북부의 델포이 중앙에 위치한 석회암 산(2,457m)으로, 그리스 신화에 의하면 아폴론 신과 코리시아 님프의 신화 전설에 따라 신성하게 여겨져 왔고 뮤즈의 고향이다.

알게 되었습니다. 그들이 취급하는 것으로 말하면 영웅적인 무훈, 대업적, 어렵고 중대하고 난해한 일뿐이며, 그 모든 것은 묘하고 진홍색의 시로 만들어져 있습니다. 그리고 그 책에서 생겨나는 것은 오직 성스러운 신주, 고귀하고 맛있고 보기 좋고 사향 냄새가 나고 은은하고 그윽한 향기로운 포도주뿐입니다.

또한 이런 영광은 모두 사람들에 의해서 이루어진 것이 아니고 여러 귀부인들도 여기에 참여했지만, 그 중의 한 사람으로 프랑스 왕가의 혈통을 이어받은 분의 이름[1]은 각별한 존경심을 나타내지 않고서 여기에 언급할 수가 없는데, 그분의 저서에 의해서, 그 분의 초월적인 창의에 의해서, 또한 말의 장식과 영묘한 문체에 의해서, 이 세상을 깜짝 놀라게 했습니다. 여러분도 할 수 있다면 이분들을 본받는 것이 좋습니다. 나는 도저히 그들을 본받을 수가 없습니다. 코린토스를 드나들며 산다는 것은 누구에게나 허락된 것은 아니기 때문입니다. 솔로몬의 신전을 세우기 위해서 누구나 황금화폐를 한 움큼 바칠 수는 없었기 때문입니다.[2] 그래서 건축기술에 있어서 이분들만 한 경지에 이른다는 것은 우리의 능력에 미치지 않는 이상, 나는 르노 드 몽토방이 한 일을 하고, 석공들에게 봉사하며 그들을 위해서 식사준비를 할 생각입니다. 그리고 나는 그분들에게 낄 수가 없는 이상, 그들의 경이로운 글의 영원한 불굴의 청취자가 되겠습니다.

질투심과 부러움에 사로잡힌 조일루스들[3], 당신들은 공포심으로 죽

---

1 프랑수아 1세 국왕의 누이이며, 『엡타메롱』의 작자인 마르그리트 드 나바르.

2 구약성경 「출애굽기」 30장 13-15절에 의거한다.

3 호메르스의 작품을 거침없이 공격한 고대문학 비평가들로 질투심이 많은 인물로 묘

게 될 것입니다. 당신들 스스로 목을 매달고 목매달기에 알맞은 나무를 스스로 고르시기 바랍니다. 목을 매다는 밧줄은 절대로 모자라지 않을 것입니다. 나는 지금 내 헬리콘 산[1]을 앞에서 신성한 여시신들의 임석 하에 맹세합니다. 나에게 아직도 개 한 마리와 까마귀 세 마리를 합한 만큼의 수명이 있고, 성스러운 유다의 대장[2]이나 음악인 크세노필로스[3]나 철학자 데모낙스[4]같이 건강하고 무사하다면, 어느 곳의 누군지는 모르나 수백 번이나 체질한 이야기를 주워 모은 누더기 작가나, 낡아빠진 라틴의 쇠 대장장이 문인들이나, 온통 곰팡이가 슬어서 불분명한 낡은 라틴어를 판매하는 자들의 수염 앞에서, 격에 맞지 않는 논거와 거부할 수 없는 이유로써 통속어가 훌륭한 분들이 생각하는 정도로, 그토록 천하거나 쓸데없는 것도 아니고 보잘 것 없지도 경멸할 만한 것도 아니라는 것을 증명해 보이겠습니다. 또한 옛날 페비우스 신[5]에 의해서 모든 보물이 대 시인들에게 나누어졌지만, 이솝이 우화의 지위와 역할을 해낸 것처럼 나도 높은 지위를 바라지 않는 이상, 겸손한 마음으로 피레이쿠스 유파의 풋내기 화가 역할이라도 맡고 싶은 생각이 간절합니다. 그들이 그 일을 능히 해낼 것이고 반드시 그렇게 될 것이라고 나는 확신합니다. 왜냐하면 그들은 모두 진실로

사된다.

1 그리스의 보이오티아에 있는 헬리콘 산맥에 속한 산으로 로마 시인들은 파르나소스의 카스탈리아 샘에서 영감을 얻었으며, 뮤즈의 거처인 헬리콘 산보다 파르나소스 산을 더 숭배하였다.

2 모세를 가리키며 구약성경 「신명기」 34장 7절에 의하면 120세까지 세수를 누렸다.

3 고대 그리스 음악가 크세노필로스는 106세까지 무병장수하였다.

4 고대 그리스 철학자 데모낙스는 107세에 곡기를 끊고 아사를 택했다.

5 그리스 신화에 나오는 올림포스 12신의 하나인 태양의 신.

선하고 인간적이며 관대하고 인정이 많아 이를 당할 자가 전혀 없기 때문입니다.

그래서 술꾼 여러분도 또 중풍병자 여러분도 이들의 책을 마음껏 맛보기 바랍니다. 대개 그들 비밀집회에서 이것을 낭독하고 그 속에 감춰져 있는 심오한 밀교密教를 이해하면서 각별한 이익과 명성을 얻게 되기 때문이겠지만, 알렉산드로스 대왕[1]이 이와 같은 이유에서 아리스토텔레스[2]가 쓴 최고의 철학이 간직된 책을 사용한 것입니다.

배에 걸고서, 술꾼들이여, 무뢰한들이여!

그러면 술꾼 여러분, 권면하건데 적당한 때에 서점의 서고에서 그 책을 보게 되면, 여러 권을 구입해 두시기 바랍니다. 그래서 그 깍지를 벗길 뿐만 아니라 아편연약으로서 마음껏 탐독하고 여러분의 몸과 마음을 동화하는 것이 좋을 것입니다. 따라서 여러분은 관대한 마음을 갖고 있는 모든 잠두 깍지를 벗기는 자들을 위해서 어떤 선의가 이 책 속에 들어 있는가를 알게 될 것입니다. 지금부터 내가 여러분에게 멋지고 아름다운 잠두가 가득 든 광주리를 드리겠는데, 이전 것과 같은 정원에서 수확한 것입니다. 아울러 제비의 도래를 학수고대하면서 현재를 즐겁게 보내시기를 공손한 마음으로 당부드립니다.

서문 끝.

---

1 마케도니아의 왕으로 기원전 336-323년 재위하였다.

2 고대 그리스의 철학자로 철학, 정치학, 윤리학, 물리학, 천문학, 기상학, 심리학, 박물학, 생물학 등 다양한 분야에 걸쳐 150여 편의 책을 저술하였다.

제 1 장 팡타그뤼엘이 종이 울리는 섬에 도착한 일과, 우리가 들었던 소리에 대하여

우리가 항해의 여정을 계속 이어가고 있는데 출항한지 사흘째 되는 날에도 아무 것도 보이지 않았다. 나흘째 되는 날이 되어서야 육지가 나타났다. 그날 우리 선장의 말로는 이곳은 종이 울리는 섬이었는데, 끊임없이 울려오는 소리가 멀리서 들려와 마치 대축제일에 파리나 자르죠[1]나 낭트[2], 그 밖의 다른 곳에서 들을 수 있는 대·중·소의 종소리를 한꺼번에 듣는 것 같았다. 좀 더 가까이 접근하니 이 종소리는 더욱 강하게 들려왔다.

우리는 솥을 갖춘 도도나인지, 아니면 올림피아의 칠성회랑인지, 아니면 이집트의 테베에 있는 멤논[3]의 무덤에 세워진 거인상의 끊임없는 외침소리인지, 또는 아에올리아 군도[4]의 하나인 리파라 섬의 분묘 주위에서 옛날에 들렸던 시끄러운 소리가 들리는 것이 아닌가 생각했지만 지리학적으로 알 수가 없었다.

"내 생각으론 저쪽에서 어떤 벌떼가 하늘에 날아오르는 것 같은데,

1 루아르 강 좌안 오를레앙 근방의 마을.

2 프랑스 중서부에 위치한 도시로 대서양에 인접해 있다.

3 새벽의 여신 에오스(아우로라)의 아들로 트로이 전쟁 때 아킬레우스에게 살해당했다.

4 소아시아의 서부와 북서부의 해안 지역과 레스보스 섬으로 구성되는 지역.

그 때문에 이곳 사람들이 신들의 어머니가 되는 키벨레 여신[1]의 신관들의 냄비나 솥이나 대야나 청동고青銅鼓를 울리고 있는지도 모르지. 함께 들어보자!" 팡타그뤼엘이 말했다.

더 가까이 접근하자 쉴 새 없이 울리는 종소리 속에 이 섬사람들의 끊임없이 이어지는 노랫소리가 들렸다고 하는 것이 우리의 의견이었다. 그런 이유로 종이 울리는 섬에 상륙하기 전에 팡타그뤼엘은 소형배를 타고 그 옆에 한 암자와 조그만 정원이 있는 작디작은 암초에 상륙하려고 했다.

거기서 우리는 그라테니 태생의 브라기뷔라고 하는 키 작은 선량한 은자를 만났는데, 그는 우리에게 모든 종소리에 대해 충분한 설명을 해주고 이상한 방식으로 우리를 환영을 해주었다. 즉 다음 4일간 연속으로 우리에게 단식을 시켰는데, 마침 때가 사계의 재일의 단식에 해당되기 때문에, 이 종이 울리는 섬에서는 이런 대우를 받을 수밖에 없다고 말했다.

"난 그런 수수께끼는 전혀 모르겠는데요. (파뉘르쥬가 말했다) 오히려 동서남북의 네 가지 바람이 부는 시기겠지요. 하여간 단식을 하면 바람만 잔뜩 마시게 되니까요. 그런데 단식 말고 다른 놀이는 없나요? 내가 보기에 분명 먹을 것도 별로 없으니 그런 구강궁전의 진수성찬은 먹지 않아도 좋을 것 같습니다."

"우리 『도나투스 문전』에는 현재, 과거, 미래라는 세 개의 시간밖에 없습니다. 여기 네 번째의 시간이라는 것은 하인에게 주는 행하일 것

1 아나톨리아에서 숭배된 대지모신으로 프리기아의 주신.

입니다." 장 수도사가 말했다.

"그건 아오리스트로 그리스 사람, 라틴 사람들이 사용하는 미완료 과거라는 것이 있는데, 전쟁 때와 군집의 시간에 쓰이고 있습니다. 인내초를! 문둥병자들은 외치고 있습니다." 에피스테몽이 말했다.

"따라서 여러분에게 말씀드린 바와 같이 그것은 피할 수 없는 숙명과도 같은 것입니다. 이에 대해서 이의를 내세우는 자는 이단자로서 화형을 면하지 못할 것입니다." 은자가 말했다.

"사제님, 명백한 일입니다. (파뉘르쥬가 말했다) 해상에서 난 몸이 달궈지기보다는 푹 젖는 것이, 불에 타는 것보다는 물속에 빠지는 것이 훨씬 더 무서웠습니다. 좋습니다. 주께 맹세코 단식을 하겠습니다. 하지만 내가 오랫동안 단식을 했기 때문에 단식이 내 살을 다 닳아빠지게 해서 내 몸의 보루도 무너져버리지나 않을까 너무나 두렵습니다. 또 다른 걱정은 단식하며 당신을 화나게 만들지 않을까 하는 것입니다. 왜냐하면 난 단식에는 전혀 익숙하지 않고 맞지도 않으니 이 일은 여러 사람이 틀림없다고 말한 그대로입니다. 그러니 나도 그렇게 생각합니다. 나로 말할 것 같으면 난 단식을 할 생각이 없습니다. 더 이상 쉬운 일은 전혀 없습니다. 우리가 할 수 있는 한 난 미래에도 추호도 단식을 할 생각이 더 이상 없습니다. 거기에서 나사를 짜야할 게 있고 방아를 찌어야 할 게 있기 때문입니다. 지금은 단식 기간이니만큼 주께 걸고서 우린 단식을 하겠습니다. 이미 오래전부터 난 그것을 알고 있기 때문입니다."

"꼭 단식을 해야만 한다면, (팡타그뤼엘이 말했다) 우리가 나쁜 길에서 벗어날 수 있도록 서둘러 그 일을 해버릴 수밖에 없겠군. 그런데 난 서류를 좀 다시 보고 바다에 있어서의 연구가 땅에 있어서와 마찬가지로 도움이 되는지 어떤지 알고 싶지만, 플라톤은 바보이고 무능하고 무지한 인간을 그리려고 이것을 해상의 선박 속에서 양육된 녀석들과 같다고 하고 있으니, 결국 우리라면 통 속에서 양육되어 구멍으로만 세상을 보는 녀석으로 비교하고 있었던 것이지."

우리의 단식은 끔찍스럽고 매우 놀랄 만한 것이었다. 왜냐하면 첫날 우리는 두서없이 단식을 했고, 이틀째에는 칼날이 무뎌질 때까지 단식을 했고, 사흘째에는 칼이 무디어질 때까지 단식을 했고, 나흘째는 불길이 치솟고 피가 흐르는 단식을 했기 때문이었다. 그런데 알고 보니 이 모든 것이 요정들의 행동이었다.

제2장 종이 울리는 섬에 새가 된 조가족弔歌族들이 살게 되었던 일

우리가 단식을 끝내자 은자는 우리에게 종이 울리는 섬의 에디튀 선생인 알비앙 카마라고하는 사람에게 보내는 편지를 주었는데, 파뉘르쥬가 그에게 인사를 하고 앙티튀[1]라고 불렀다. 그는 나이가 든 대머리의 키 작은 남자로 코끝이 붉고 얼굴이 새빨갛다. 그는 우리에게 이미 말한 것처럼 우리가 단식을 했다는 말을 듣고 그 은자의 소개라고 하면서 크게 환영해 주었다. 우리가 충분히 식사를 하고 나자, 그는 이 섬의 괴상한 일들을 보여주었는데, 그의 말에 따르면, 이 섬은 처음에 조가족이 살고 있었으나, 이들은 만물이 변하듯 자연의 이법에 의해 새가 되었다고 한다.

그 점에 관해서는 나는 아테우스 카피토[2]나 파울루스 마르셀루스[3], 아울루스 겔리우스[4], 아테나에우스[5], 수이다스[6], 암모니우스[7], 그 밖의 다

---

1 파뉘르쥬는 에디튀 선생의 이름을 앙티튀(바보, 얼간이)로 바꿔 부름으로써 희롱한다.

2 아우구스투스 제시대(帝時代) 로마 법률학자.

3 마르셀루스는 누구인지 불분명하다.

4 로마 문법가.

5 아테나에우스는 마르쿠스 아우렐리우스 제치하의 그리스 문학자.

6 10-12세기의 그리스 문법가.

7 암모니우스는 아테나에우스가 인용한 문법가인지 약 4세기경의 인물인지 불분명하다.

른 사람들이 조가족과 마임 배우에 대해서 쓴 것을 잘 알고 있어서, 닉티매네[1], 프로그네[2], 이튀스[3], 알크메네[4], 알키토에[5], 안티고네[6], 테레우스[7], 그 밖의 것이 새로 변한 것도 우리에게는 이해하기 어렵지 않았다. 또한 마타부륀[8]의 아이들이 백조가 됐다거나, 트라키아 국의 파레네 사람들이 트리토니스의 호수[9]에 아홉 번 목욕을 하자 갑자기 새로 변한 것은 우리에게는 믿기 어려운 것은 아니었다. 그리고 그는 우리에게 새장[10]과 새 이야기 외에는 아무런 말도 하지 않았다. 그 새장은 크고 화려하고 사치스럽고 경이롭게 만들어져 있었다.

새들은 크고 아름답고 윤이 나서 어딘지 우리나라의 사람들과 닮았다. 이 새들은 인간처럼 먹고 마시며, 인간처럼 똥을 싸고 있었고, 인간처럼 방귀를 뀌고 잠을 자며 교접을 하고 있었다. 요컨대 여러분도 이것을 보면 첫눈에 인간임에 틀림없다고 말할 것이다. 하지만 에디튀 선생의 가르침에 의하면, 그 새들은 절대로 인간은 아니며, 속세를 떠난 사람도 아니고, 세속의 인간도 아니라고 말했다. 또한 그들의 깃털

---

1 올빼미로 변함.

2 제비로 변함.

3 산비둘기로 변함.

4 전설상의 새로 제우스 신은 이 새가 바다위에 떠있는 둥지에 알을 까도록 둥지 전후의 2주간 풍랑을 잠재운다고 함.

5 박쥐로 변함.

6 황새로 변함.

7 오디새로 변함.

8 1504년에 간행된 『백조의 기사의 이야기』에 나오는 노파로 며느리를 미워하여 7명의 손자까지 박해하여 손자들은 백조가 되었다.

9 헤로도토스에 의하면 북아프리카에 있는 호수.

10 교회나 수도원을 암시한다.

은 우리를 꿈으로 유도하는 것이었는데, 어느 것의 깃털은 새하얗고[1], 어떤 것은 새까맣고, 어떤 것은 회색이고, 어떤 것은 흰색과 검은색의 반반의 것도 있고, 다른 것은 새빨간 것도 있고, 흰색과 하늘색 반반의 것도 있어 아름다워 보였다. 그는 수놈들을 클레고[2], 모나고[3], 프레스트레스고[4], 아브고[5], 에베스크고[6], 카르댕고[7], 그리고 천하의 유일 무일한 파프고[8]라고 불렀고, 암놈을 클레르제스[9], 모나제스[10], 프레스트레제스[11], 베제스[12], 카르댕제스[13], 파프제스[14]라 불렀다. 그러나 에디튀가 우리에게 말한 것에 의하면 모든 것을 탐욕스럽게 먹어 모든 것을 황폐하게 만들고, 아무런 능력도 없는 말벌들이 꿀벌들에게 달라붙는 것처럼, 3백년간 무슨 이유 때문인지 이들 새들 중에 월령月齡이 다섯이 될 때마다 허다한 카고[15]들이 거기에 끼어들게 되었다. 그래서 이 새들은 섬 전체를 더럽히고 똥투성이를 만들고 아주 흉측하고 괴물 같아서 모두가 피해

---

1 성직자의 옷 색깔.
2 학승 새.
3 수도사 새.
4 사제 새.
5 수도원장 새.
6 주교 새.
7 추기경 새.
8 교황 새.
9 학승 암새.
10 수도사 암새.
11 사제 암새.
12 수도원장 암새.
13 추기경 암새.
14 교황 암새.
15 위선자나 거지 수도승을 말한다.

다녔다. 왜냐하면 어떤 놈이나 고개가 삐뚤어지고 털투성이의 다리에 하르퓌아 괴물 같은 발톱과 배를 가지고 있고, 스팀팔리데스 새 같은 꼬리를 가지고 있어 이들을 몰살시키는 것은 불가능한 일이었기 때문이었다. 나는 제 2의 헤라클레스가 나타나기를 바랐는데, 장 수도사가 깊은 명상에 잠겨 의식을 잃어 버렸기 때문이다. 그리고 애인이 그리워서 케레스 여신의 희생을 명상하는 프리아포스[1]에게 일어났던 것이 팡타그뤼엘에게 생겼다.

---

1 그리스 종교에서 동식물의 다산의 신으로 거대한 남근을 지닌 기형적이고 우스꽝스러운 사람의 형상으로 묘사되었다.

제3장 종이 울리는 섬에는 파프고 한 마리밖에 없는 일

그래서 우리는 에디튀에게 여러 종류의 존경할만한 새들이 번식하고 있는데, 왜 종이 울리는 섬에는 파프고[1]가 한 마리밖에 없느냐고 물었다. 그의 대답에 의하면 원래부터 관습에 따라 별들에 의해 정해진 피할 수 없는 숙명이었다. 즉 꿀벌과 마찬가지로 육체의 교접 없이 아리스테우스의 기술과 실천에 따른 준비된 어린 황소로부터 클레르고[2], 프레트르고[3], 모나고[4]가 태어나게 되어 있는 것이었다. 프레트르고에서는 에베고[5]가 태어나고, 이 에베고에서는 멋진 카르댕고[6]들이 태어나는데, 그것이 먼저 죽지 않는 경우에는 카르댕고가 파프고가 된다. 그리고 꿀벌 집에는 왕벌이 한 마리밖에 없고, 이 세상에는 태양이 하나밖에 없는 것과 마찬가지로 보통은 파프고가 한 마리밖에 없었다.

그것이 죽으면 카르댕고 전 종족 중에서 다른 한 마리가 태어나는데 항상 육체의 교접은 없다고 생각하기 바랍니다. 그런 식으로 이 종

1 교황 새.
2 학승 새.
3 사제 새.
4 수도사 새.
5 주교 새.
6 추기경 새.

족에는 아라비아의 불사조처럼 한 분이 유일무이하다는 것과 영원히 자리를 계승받는다. 월령으로 지금부터 약 2천 7백 60[1]을 헤아리는 두 마리의 파프고가 이 세상에 나타난 것도 사실이다. 그러나 그것은 이 섬에서 단 한 번도 본 적이 없는 가장 큰 재앙을 가져왔다.

"그 이유는, (에디튀가 말했다) 여기에 있는 모든 새들이 서로 약탈하고 서로 비난하여, 이 섬은 그 주민들의 약탈로 해서 도저히 살 수 없을 정도로 위험한 상태에 빠지게 됐는데, 그 새들 중에 일부는 이쪽 편을 들어 지지하고 나서는가 하면, 또 다른 일부는 저쪽 편을 지지하게 되었는데, 이런 새들 중의 일부는 물고기처럼 말없이 노래를 부르지 않게 되었고, 어떤 것은 사용이 금지된 것처럼 전혀 종을 울리지 않게 되었습니다. 이런 난리 중에 그 새들은 황제들과 왕들, 공작들, 후작들, 백작들, 남작들, 그리고 대륙과 육지에 살고 있는 세계 여러 나라에 자기들을 도와달라고 호소를 했습니다. 그래서 이 분열과 난리는 두 마리 중에 한 마리가 죽고 복수가 단일이 되었을 때 비로소 끝났습니다."[2]

이어 우리는 이 새들이 무엇 때문에 저렇게 끊임없이 노래를 부르냐고 물었다. 에디튀가 그것은 그들의 새장 위에 매달린 종 때문이라고 대답했다. 그리고는 우리에게 말했다.

"그럼 내가 지금 이포크라스 포도주에 쓰는 여과주머니를 두건처럼 쓰고 있는 저 모나고[3]한테 야생 종달새처럼 노래를 부르게 할까요?"

---

1 14세기 로마가톨릭교회 내에 있었던 '대분열' 사건을 암시한다.

2 아비뇽의 교황 클레멘스 7세(로베르 드 주네브)로 이 교황이 죽은 뒤(1394년) '대분열'이 종결되었다.

3 수도사 새.

“네.” 우리는 대답했다.

그러자 그는 종 하나를 여섯 번 울렸다. 그러자 모나고 새들이 달려와서 노래를 부르기 시작했다.

“만일 내가 이 종을 울린다면 훈제청어 색깔의 깃털을 한 저들에게 똑같이 노래를 부르게 할 수 있을까요?” 파뉘르쥬가 물었다.

“네.” 에디튀가 대답했다.

파뉘르쥬가 종을 쳤더니 곧바로 검게 그을린 색깔의 새들이 날아와서 함께 노래를 불렀다. 그러나 그 노랫소리는 쉬었고 듣기 불쾌했다. 그래서 에디튀가 이 새들은 이 세상의 왜가리나 가마우지처럼 생선만 먹고 살며, 새로 도장이 찍힌 카고의 다섯 번째 종류라는 것을 가르쳐 주었다. 그리고 덧붙여 말하기를 최근 이곳에 건너온 로베르 발브랭그[1]에게서 어떤 종류보다도 슬프고 지나치게 까다롭고 귀찮게 구는 카퓌생고[2]라 불리는 여섯 번째 종류의 새가 멀지 않아 아프리카 나라에서 이곳으로 날아올 예정이라는 통보를 받았다는 것이었다.

“아프리카는 항상 새롭고 괴기한 것을 생산하는 경우가 있긴 하지.” 팡타그뤼엘이 말했다.

---

1 캐나다를 탐험한 쟈크 카르티에의 일행으로 로베르발 영주 장 프랑수아 드 라 로크를 지칭한다.

2 1525년 창설된 수도회.

제4장 종이 울리는 섬의 새들은 모두 철새라는 것

"그러나 당신은 우리에게 파프고는 카르댕고에서, 카르댕고는 에베고에서, 에베고는 프레트리고에서, 프레트리고는 클레르고에서 태어났다는 것을 설명해 주셨습니다." 팡타그뤼엘이 말했다.

"이것들은, (에디튀가 말했다) 모두가 철새로서 다른 나라에서 우리에게 날라 옵니다. 어떤 것은 주르상팽[1]이라고 하는 경이로운 거대한 나라에서, 어떤 것은 서쪽의 다른 나라 트로디티외라는 지방에서 왔습니다. 이 두 나라에서 매년 떼를 지어 몰려오는데, 이 클레르고 새들은 그들 부모와 모든 친구, 친척들을 버리고 우리한테 옵니다. 결국 이 후자 쪽 나라의 어떤 귀한 가문에서 남자건 여자건 아이들이 너무 많아질 때의 얘기지만, 어느 아이에게나 전 재산을 나눠주려고 하면 (이것은 이론적으로 당연한 자연의 이치이며 신의 명령이지만), 그 가문은 자취를 감추어 버립니다. 그 때문에 양친은 자식들을 보싸르 섬으로 보냅니다."

"그건 쉬농[2] 근처의 일 부샤르를 말하는 것입니다." 파뉘르쥬가 말했다.

---

1 빈곤의 뜻한다.

2 라블레의 양친의 집이 있었던 마을로 투렌 서쪽 지방의 비엔나 강 근교.

"보싸르입니다. 왜냐하면 이들은 보통 꼽추, 애꾸, 절름발이, 팔 병신, 통풍병자, 불구자, 병자, 즉 이 땅의 쓸모없는 짐들이기 때문입니다." 에디튀가 대답했다.

"이건, (팡타그뤼엘이 말했다) 옛날에 처녀 여사제[1]가 취임할 때 지켰던 법과는 완전히 반대되는 관습이군요. 안티스티우스 라베르[2]가 증언하고 있는 것처럼, 이 법규에 의하면 이런 영예 있는 지위에 앉는 자로서 영혼에 악덕을 갖거나, 그 관능에 쇠약함이 있거나, 그 육체에 그것이 은밀하게 사람 눈에 띄지 않거나, 아무리 작은 일이라도 어떤 흠이 있는 아가씨를 선택하는 것은 금지되어 있거든요."

"내가 놀란 것은, (에디튀가 계속 말했다) 다른 세계의 어머니들은 그 애들을 아홉 달이나 태내에 갖고 있는데, 그 나라의 어머니들은 아이들을 9년이나 7년을 자기 집에 머물게 하고, 거기에 견딜 수가 없어서 어린애들의 옷 위에 흰 셔츠를 입히고, 그 아이들의 정수리 머리를 자르고, 내가 무엇인지 모르지만 어떤 마귀를 몰아낼 때 하는 말과 속죄의 말을 하는데, 마치 이집트인들 사이에서 마의와 삭발로써 여신 이시스[3]의 사제들이 되어 나오는 것과 같은 경우이고, 피타고라스식의 변형에 의해서 아무런 상처나 부상도 입히지 않고, 여러분이 지금 볼 수 있는 새의 모습으로 만들어버리기 때문입니다. 하지만 왜 그런지, 왜 그렇게 되는 건지 알 수 없는 것은 왜 암새로 클레르제스[4], 모나

---

1 로마의 부엌의 여신 베스타를 모시는 여사제이다.

2 1세기 때 로마 법조인.

3 고대 이집트 신화에 나오는 여신으로 이집트의 9주신 중의 한 명이다.

4 학승 암새.

제스[1], 혹은 아브제스[2]가 있으면, 또한 암새들은 조로아스테르[3]가 정한 대로 오르무스[4]에게 즐거운 성가나 찬가를 부르지 않고, 왜 악마 아리망[5]에게 하는 것과 같은 저주가와 조종가를 부르는지, 그리고 말이 나온 김에 말하지만, 젊은 새나 늙은 새나 자기들을 새로 만든 양친이나 친구들을 왜 끊임없이 저주하는가 하는 것입니다."

"끝없이 긴 주르상팽에서는 더 많은 새들이 우리에게 날라 옵니다. 이 지역의 주민인 아싸피스 족들은 사악한 조언자인 기아에 의해 고통받을 때, 먹을 것이 없어서 무엇을 해야 할지 알고 싶지도 않고, 무슨 웬만한 기술이나 직업으로 일을 할 수도 없고, 훌륭한 사람들을 위해서 충실히 봉사할 수도 없기 때문에 오는 것입니다. 또한 그들이 사랑의 즐거움을 누리지 못한 자도, 사업을 성취하지 못한 자도, 악의를 가지고 죄를 범하여 추급追及당해 오욕에 싸여 죽을 죄를 받게 된 자도, 전부 이 섬으로 날아오기 때문입니다. 이 섬에 오면 그들은 그들의 생활을 보장 받을 수 있고, 전엔 까치처럼 말랐던 것이 여기에 있으면 들쥐처럼 살이 찌고, 여기에 있으면 매우 안전하고 수당을 지급 받고 자유롭습니다."

"하지만 이 멋진 새들은 한번 이 땅에 날아오면 자기가 태어난 고장으로 다시 돌아가지 않나요?" 팡타그뤼엘이 물었다.

---

1 수도사 암새.

2 수도원장 암새.

3 고대 페르시아의 전설적인 왕족의 한 사람으로 새로운 종교(밀교)철학을 설파하였다.

4 고대 페르시아인들이 믿는 질서와 광명의 신으로 조로아스테르의 종교이론의 중핵(中核)이 되는 존재이다.

5 고대 페르시아에 있어서 악과 암흑의 신으로 오르무스에 대적하였다.

“몇 마리는 돌아갑니다. (에디퀴가 대답했다) 옛날에는 그 수도 극히 적었고 때에 맞지 않았기 때문에 마지못해 돌아갔습니다. 몇 차례나 일식[1]이 있은 다음 어느 하늘의 별의 공덕으로 많은 새들이 날아가 버렸습니다. 그러나 우리는 조금도 슬퍼하지 않았고 오히려 남은 새들은 식량을 더 많이 갖게 되었습니다. 그리고 다시 날아가기에 앞서 이 쐐기풀이나 가시나무 속에 깃털을 남겨 놓았습니다.”

우리는 그 중에 몇 개를 실제로 발견했는데, 그것을 찾다가 우연히 뚜껑이 없는 장미단지[2] 하나를 발견했다.

1 수도사가 수도원에서 퇴산(退散)하는 결과를 초래한 루터의 종교개혁을 암시한다.

2 비밀을 암유한다.

제5장 종이 울리는 섬에서 대식의 새들은 벙어리라는 것

에디튀가 말을 마치자, 이 섬에서는 아직 본 적이 없는 색깔과 날개를 가진 새가 25마리 내지 30마리 정도가 우리 근처로 날아왔다. 이 새들의 깃털은 카멜레온의 피부나 프리폴레옹 또는 퇴크리옹의 꽃[1]처럼 시시때때로 변했다. 그리고 모두가 왼쪽 날개 밑에 원을 구분하는 두 개의 직경선, 또는 하나의 직선 위에 떨어지는 다른 하나의 수직선 같은 표시[2]가 있었다. 전부 거의 같은 모습을 하고 있었지만 같은 색깔을 하고 있는 것은 아니었다. 어떤 것은 흰색이었고, 어떤 것은 녹색, 어떤 것은 붉은 색, 어떤 것은 보라색, 그리고 또 어떤 것은 청색이었다.

"이건 무엇입니까? 이름이 뭡니까?" 파뉘르쥬가 물었다.

"저것은 혼혈조[3]입니다. 우린 그것들을 대식조라고 부르는데, 여러분의 나라에도 대식조들이 많이 있을 것입니다." 에디튀가 대답했다.

"제발, 그 새들이 노래하는 것을 듣고 싶으니 노래 좀 부르게 해 주세요." 내가 말했다.

---

1 플리니우스에 의하면 이 풀의 꽃은 아침에는 희고 낮에는 붉고 저녁에는 파랗게 변한다.

2 로마 십자(†)를 말한다.

3 수도사와 기사의 양쪽을 겸비한다.

"이 새들은 결코 노래를 부르지 않습니다. 그 대신 다른 사람의 두 배나 먹이를 먹습니다." 그가 대답했다.

"암놈은 어디 있습니까?" 내가 물었다.

"암놈은 한 마리도 없습니다." 그가 대답했다.

"그러면 왜 이처럼 딱딱하고 부스럼투성이가 되고 모두가 매독에 걸려 있는 것입니까?" 파뉘르쥬가 물었다.

"매독은 이런 종류의 새들에게는 원래 있게 마련인데, 그것은 그들이 가끔 찾아가는 바다 때문입니다." 그가 말했다,

그리고 그는 우리에게 저 새들이 날라 온 동기에 대하여 말했다.

"저 새들이 여러분 근처로 온 것은 여러분 중에 '고'라고 하는 무서운 맹금이 있는지 없는지 궁금하여 보러 온 것이지, 여러분의 세계에 있다고 하는 미끼 새에게 걸려들거나 응사鷹師의 사냥용 장갑을 보고 온 것은 아닙니다. 그리고 그 중의 몇 마리는 매우 멋지고 귀중한 그 새 다리에 고리가 끼어져 있고, 그 발고리에는 소유자의 이름이 적혀 있는데, 그 때문에 '사악한 것을 생각한 자'는 당장에 똥으로 벌을 받게 됩니다. 다른 새는 날개 안쪽에 칼롬니아퇴르[1]를 물리친 전승비를 달고 있고, 또 다른 새들은 수양의 가죽[2]을 달고 있습니다."

"앙티튀 선생님, 분명 사실이겠지만 우린 그걸 잘 모르겠습니다." 파뉘르쥬가 말했다.

"그럼 얘기는 이 정도로 충분하니 술이나 마시러 갑시다." 에디튀가

1 중상모략자 또는 악마로 악마를 짓밟는 성 미카엘의 모습을 한 성 미카엘 수도회의 목걸이를 암시한다.

2 황금양모 기사수도회의 표지(標識).

말했다.

“하지만 밥을 먹는 것이 어떠신지요.” 파뉘르쥬가 말했다.

“그럼 배불리 먹고 실컷 마십시다. 반은 판돈으로 걸고 반은 숙박비로 걸고서라도.[1] 자, 시간보다 귀중한 것은 없습니다. 시간은 좋은 일을 위해서 씁시다.” 에디튀가 말했다.

사제는 처음에 우리를 카르댕고 전용의 아름답고 더없이 그윽한 공동목욕탕으로 안내하기를 바랐다. 목욕이 끝나자 향료 담당에게 지시하여 우리에게 귀한 향료를 바르게 했다.

그러나 팡타그뤼엘은 그에게 그렇게 해주지 않는다면 다만 술을 마시겠다고 말했다. 그러자 에디튀는 우리를 넓고 분위기 좋은 식당으로 데리고 가서 이렇게 말했다.

“은자 브라기뷔가 여러분에게 나흘 동안이나 단식시킨 일은 잘 알고 있으니, 그와 반대로 나흘간 쉬지 말고 먹고 마십시오.”

“그동안 한잠도 자지 않습니까?” 파뉘르쥬가 물었다.

“당신 마음대로 하십시오. 잠을 잘 자는 사람이 잘 마시기 때문입니다.” 에디튀가 대답했다.

정말이지 우리는 호화로운 큰 잔칫상을 차려놓고 먹고 마셨다! 그분이야 말로 멋지고 훌륭한 분이었다.

---

1 카드놀이의 용어.

제6장 종이 울리는 섬의 새들은 어떻게 음식을 얻었는가

팡타그뤼엘이 슬픈 얼굴을 하고 있는데, 에디튀가 우리 일행에게 베푼 나흘간의 체류에 대해 만족해 하지 않는 것 같았다. 에디튀가 그 모습을 보고 말했다.

"전하, 잘 아시다시피 동지전의 7일 동안과 후의 7일 동안 바다에 폭풍이 일어나는 일은 결코 없습니다. 그것은 테티스[1] 여신의 성스러운 새 알키오네[2]들에게 지, 수, 화, 풍, 4원소가 자비를 베풀기 때문이며, 이 새들은 그 때에는 바닷가 근처에서 알을 부화시킵니다. 이곳의 바다는 그처럼 오랫동안 고요한 것에 대해 보복을 하고, 여행자들이 이곳에 오면 나흘 동안은 쉬지 않고 격렬하게 휘몰아칩니다. 이런 이유로 여행자들도 그 동안은 어쩔 수 없이 이곳에 머물며 울리는 종의 수익[3]으로 성대하게 환대를 받게 되는 것입니다. 그러나 아무 일도 하지 않으면서 시간을 낭비한다고는 생각하지 마시기 바랍니다. 유노[4],

---

1 바다의 여신.

2 알키오네는 신들의 노여움으로 물총새로 변신한다.

3 로마교황청이 유럽국가로부터 징수하는 막대한 수익을 암시한다.

4 로마 최고의 여신.

넵투누스[1], 도리스[2], 아에올루스[3]와 모든 베요비스[4]들과 싸울 생각이 없는 한, 여러분은 이곳에 머물러 오로지 큰 술잔치를 벌일 것을 각오하시기 바랍니다."

처음으로 진수성찬을 맛보고 나서 장 수도사가 에디튀에게 물었다.

"이 섬에는 새장과 새밖에 없나봅니다. 이놈들은 일하지도 않고 땅을 경작하지도 않죠. 이들이 하는 일이라고는 그저 지저귀고 놀고 노래 부르는 것뿐이죠. 도대체 어느 나라에서 이런 풍요의 뿔이나 이처럼 많은 보물과 맛있는 것들이 넘치도록 오는 것입니까?"

"여러 나라에서 옵니다. 단지 제외되는 것으로는 북쪽지방[5]의 어느 지역인데, 그 지방은 몇 년 전부터 카마리나[6]의 늪을 뒤흔든 적이 있었습니다." 에디튀가 대답했다.

"헤이." 장 수도사가 말했다.

"저들은 그 때문에 나중에 후회하지, 어서 빨리 빨리.
저들은 그 때문에 나중에 후회하지, 어서 빨리 빨리."

"여러분 마십시다!"

---

1 해신.

2 바다의 여신 테티스의 딸로서 바다 밑에 사는 미녀 네레이데스들의 모친이다.

3 바람의 신.

4 로마에 그 사원이 있는 재앙의 신으로 손에 창을 들고 던지려는 자세로 그려져 있다. 사람들이 이 신에게 희생재물을 바치는 것은 원조나 원호(援護)를 청하기 위해서가 아니고 악을 두려워했기 때문이다.

5 영국, 독일 등 북방의 나라들로, 특히 종교개혁운동이 일어난 나라들을 일컫는다.

6 이탈리아 시라쿠사 지방의 악취로 유명한 늪이다.

"그런데 여러분은 어디서 오셨습니까?" 에디튀가 물었다.

"투렌[1] 나라에서 왔습니다." 파뉘르쥬가 대답했다.

"정말로 멋진 투렌 나라에서 오셨으면 여러분은 성질이 고약한 까치로 부화될 리는 없겠습니다. (에디튀가 말했다) 투렌 나라에서 매년 많은 보물이 왔는데, 우리는 어느 날 그곳을 지나가는 사람에게서 이런 말을 들은 적이 있습니다. 즉, 투렌 공(公)은 돼지비계를 맘껏 먹을 만한 그의 수입이 없어졌다는 것입니다. 그 이유는 그의 조상들이 이 신성한 새들에게 막대한 선물을 했는데, 이 섬에서는 우리가 꿩이나 자고나 들꿩이나 암 칠면조나 루뒹[2]의 살찐 거세된 수탉이나, 여러 종류의 사냥한 큰 짐승고기, 온갖 종류의 사냥고기를 실컷 먹을 수 있도록 후한 인심을 쓰셨기 때문입니다."

"여러분, 마십시다. 저기 횃대 위에 앉아 있는 새들을 보십시오. 저 새들은 우리 투렌 나라에서 보내준 수익으로 살이 포동포동 쪄 있습니다. 따라서 저 새들도 그분들을 위해서 노래를 잘 부르고 있습니다. 여러분이 여기에 두 개의 황금 장대를 보았을 때만큼 저 새들이 멋지게 지저귀는 꾀꼬리를 보신 적이 없었을 것입니다."

"장대 축제인가 봅니다." 장 수도사가 말했다.

"그리고 (에디튀가 말했다) 여러분이 보신 새장의 탑에 매달아놓은 저 큰 종을 울릴 때 말입니다. 여러분 마십시다. 틀림없이 오늘은 즐겁게 마실 수 있습니다. 또 매일 그렇게 합시다. 마십시다. 난 진심으로 기쁜 마음으로 마십니다. 정말 잘 오셨습니다. 여기에 포도주나 음식

---

1 라블레의 고향이 있는 프랑스 중서부 지방.

2 프랑스 중서부 쉬농 근방의 지명.

이 모자라지 않을까하는 걱정은 아예 마시기 바랍니다. 하늘이 청동이 되고, 땅이 무쇠가 되고[1], 그것이 이집트의 기근[2]보다도 더 길어 7년, 아니 8년이 계속될지라도 우리에게 음식이 모자랄 일은 없습니다. 자, 다 같이 한 마음으로 마십시다."

"젠장, 당신들은 세상의 모든 안락은 다 갖고 있군요!" 파뉘르쥬가 외쳤다.

"저 세상에 가서는 우린 더 많이 받게 될 겁니다. 적어도 우리한테는 지상낙원이 없지 않을 테니까요. 여러분, 마십시다. 난 여러분을 위해서 마십니다." 에디튀가 말했다.

"모든 인간이 본능적으로 당연히 바라고 있는데도, (내가 말했다) 약간의 인간에게만 허용된, 아니 정확하게 말해서 단 몇 사람에게도 허용되지 않는 그런 방법을 창안한 것은 초대 조가족들에게 갖추어진 매우 신성하고 완벽한 정신입니다. 그것은 이 세상에서도 낙원이고 저 세상에서도 똑같이 낙원입니다."

"오, 행복한 사람들이로다! 오, 반쯤 신이 된 사람들이로다!
하늘의 섭리로 우리도 그와 같이 되도록 해주시옵소서."

---

1 구약성경 「신명기」 28장 23절에 의거한다.

2 구약성경 「창세기」 41장 30절에 의거한다.

제7장 파뉘르쥬가 에디튀 선생에게 말과 당나귀를 교훈적인 우화로 이야기한 일

우리들이 배불리 먹고 실컷 마신 다음, 에디튀가 멋진 가구와 아름다운 융단으로 장식되고 온통 황금색으로 도색한 방으로 우리를 안내했다. 그곳에 개살구와 방향제 병과 설탕에 잰 푸른 생강과 이포크라스 포도주와 맛좋은 포도주를 잔뜩 가지고 오게 했다. 그리고 이런 해독약을 사용해서 마치 레테의 강물을 마시는 것처럼, 바다에서 우리가 겪은 피로를 잠시나마 완전히 잊게 했다. 또한 항구에 정박해 있는 우리의 배에 많은 식량을 풍족하게 나르게 했다. 그러나 그날 밤 우리는 연중 끊임없이 울려 퍼지는 종소리 때문에 잠을 잘 수가 없었다.

자정이 되자 에디튀가 술을 마시자고 우리를 깨웠다. 그리고 자신이 먼저 마시며 말했다.

"여러분, 다른 나라분들께서 무지는 모든 죄악의 어머니라고 하니 옳은 말씀입니다. 하지만 여러분은 무지를 여러분의 정신에서 쫓아내지 않고 무지와 함께 무지에 따라 살고 있습니다. 그래서 여러분은 허다한 죄악 때문에 마음 아파하고, 매일 끌려 다니며 항상 불평을 하고 탄식을 하며 결코 만족하는 법이 없습니다. 지금 내가 확실히 증명할 수 있는 것은, 이 섬에서 무지가 여러분을 침대에 묶어 놓은 것이 마치

불카누스의 재주로 군신이 묶여진 것과 같은데, 여러분의 의무는 잠자는 시간을 절약해서 이 유명한 섬의 맛있는 음식을 조금도 아끼지 않는 데에 있음을 모르기 때문입니다. 여러분은 이미 삼시세끼의 식사를 했지만, 내 말을 믿고 종이 울리는 섬에서 식사를 하기 위해서는 아침 일찍 일어나야 하며, 그것을 먹을수록 그 수는 증가하고, 그것을 절약이라도 하면 절약할수록 그 수가 줄어듭니다. 목장의 풀도 계절에 맞게 베시기 바랍니다. 풀은 더욱 무성하고 또한 유용하게 쓰이지만, 그걸 베지 않으면 얼마 지나지 않아 이끼로 덮이게 됩니다. 여러분, 마십시다. 다 같이 마십시다. 우리의 새들 가운데서 가장 마른 것도 지금 전부 모여서 우리를 위해서 노래를 부르고 있으니, 부탁이지만 그들을 위해서 마십시다. 마십시다, 한 번, 두 번, 세 번, 아홉 번 하고 '이건 열의가 아니고 자비'입니다."

마찬가지로 새벽이 되자 에디튀는 우리를 깨워 첫 번째로 스프를 먹도록 했다. 그 후 우리는 한 번밖에 식사를 하지 못했는데 온종일 그것뿐이었다. 따라서 이것이 점심식사인지, 저녁인지, 저녁 간식인지, 밤참인지, 알 수가 없었다. 다만 기분전환을 위해서 섬을 잠시 산책하고 친절한 체하는 그 멋진 새들이 즐겁게 노래하는 것을 보았다.

저녁이 되자, 파뉘르쥬가 에디튀에게 말했다.

"선생님, 월령 23월 전에 샤텔르로[1] 나라에서 일어난 유쾌한 이야기를 해도 기분 나쁘게 생각하지 마시기 바랍니다. 4월쯤 아랑가노와 그의 마부가 어느 날 아침, 그의 멋진 말들을 데리고 들로 산책을 나갔다

1 프랑스 중서부 프와투 지방으로 나귀의 산지로 유명하다.

가 거기서 한 쾌활한 양치기소녀를 만났습니다. 이 소녀가 어느 무성한 숲가에서 어린 양을 지키고 있는 것과 함께 있는 것은 당나귀 한 마리와 염소 서너 마리이었습니다. 마부는 이 소녀와 이야기를 나눈 다음, 그 말꽁무니에 소녀를 태우고 그의 마구간을 보러 가, 거기서 맛있는 식사를 하면서 시골사람들처럼 천박하게 즐겨도 좋다는 것을 납득시켰습니다. 그들이 이야기하는 동안에 말이 당나귀에게 귓속말을 했습니다. 그 해는 도처에서 짐승들이 말을 했었기 때문입니다. '불쌍하고 허약한 당나귀야, 난 자넬 가엾고 불쌍하게 생각하네. 자네 엉덩이가 닳은 것을 보니 매일같이 죽도록 일만 했구먼. 그럴 수밖에 없지. 신은 자넬 인간들에게 봉사하도록 하기 위해서 만든 거니까. 자넨 훌륭한 당나귀네. 하지만 걸레로 닦아주건, 글겅이로 빗질해 주건, 말의 장식을 달아주건, 키우건 간에, 내가 보기에 좀 가혹하고 상식을 벗어난 것이라고 생각하네. 자넨 털이 다 일어나고, 기진맥진해 하고, 털가죽이 다 벗겨지고, 얻어먹는 것이라고는 딱딱한 골 풀과 가시나무 풀과 단단한 엉겅퀴뿐이니까. 그러니까 당나귀야, 내가 자네에게 권하는데, 나랑 같이 가서 자연이 전쟁을 위해서 만든 우리가 어떤 대우를 받고, 어떤 음식을 먹는가 보게. 내가 늘 먹는 것도 꼭 맛보게 해 줄 테니까.'"

"정말인가요? 기꺼이 함께 가겠습니다, 말님." 당나귀가 말했습니다.

"여기에 있는 건 물론 말이지, 당나귀야." 말이 말했습니다.

"죄송합니다, 말님. (당나귀가 말했습니다) 우리 시골사람들은 많이 배우지도 못해서 말도 잘 하지 못합니다. 우리의 가죽은 상처투성입니다. 이젠 기꺼이 말씀에 순종하며 아무리 먼 곳이라도 따라갈 테니 때리지만 마십시오. 말님께서 저를 잘 대해 주시고 명예롭게 해주실 것입니다."

당나귀는 양치기소녀를 말에 태웠기 때문에 말의 뒤를 따라가면서 집에 도착하면 음식을 실컷 먹으리라고 생각했던 것입니다. 집에 도착하자 마부는 당나귀가 있는 것을 보고 마구간지기들에게 쇠갈퀴로 당나귀를 후려치고 몽둥이로 마구 두들겨 패라고 했습니다. 당나귀는 그 말을 듣고는 넵투누스 신[1]에게 빌며 잰걸음으로 그 곳을 도망쳐 나오면서 마음속으로 이렇게 생각했습니다.

"정말이지 높은 분들을 모신다는 것은 내 신분으로는 할 일이 아닌 것 같구나. 자연이 날 가난한 사람들을 돕기 위해서 만들었기 때문이지. 이솝은 그의 우화에서 내게 분명히 가르쳐주고 있지. 내가 주제넘은 짓을 했던 거야. 아스파라거스가 익기 전에 힘차게 멀리 도망치는 것이 제일 좋은 방법이구나."

그래서 당나귀는 속보로 방귀를 뀌며 껑충껑충 뒷발질하며 재빠르게 줄방귀를 뀌면서 도망쳤습니다.

양치기소녀는 당나귀가 도망친 것을 보고 마부에게 저 짐승은 자기 것이니 잘 대우해 달라고 간청하고, 그렇지 않으면 더는 같이 가지 않겠다고 말했습니다. 그래서 마부는 당나귀에게 귀리를 잔뜩 먹이지 않으면 말들은 8일간 귀리를 빼고 먹이는 것이라고 말했습니다. 더 나쁜 것은 그를 되돌아오게 하는 일이었습니다. 어째든 마구간종들이 아무

1 넵투누스 신이 말을 창조했다고 전해지고, 말이나 나귀, 노새의 보호 신으로도 일컫는다.

리 '이리 와라, 이리 와라, 당나귀야' 하고 돌아오라고 불러도 소용이 없었습니다.

"난 거기에 가지 않겠네. 내가 창피해서 말이야." 당나귀가 말했습니다.

당나귀가 순순히 돌아오도록 그를 부르면 부를수록, 껑충껑충, 타닥타닥 줄방귀를 뀌며 점점 난폭해져 도망쳤습니다. 양치기 소녀가 당나귀를 부르면서 귀리를 하늘 높이 뿌리라고 말하지 않았더라면, 종들은 아직도 거기에 서 있었을 것입니다만, 일은 잘 처리되었습니다. 그러자 갑자기 당나귀는 얼굴을 돌리며 말했습니다. '웬 귀리죠. 좋아요. 쇠갈퀴는 필요 없습니다. 실컷 먹어야지.' 이어 당나귀는 흥겹게 노래를 부르며 종들에게 갔는데, 여러분도 잘 알다시피 이들 아르카디아의 짐승[1]들의 목소리도 노래도 듣기 좋았습니다.

당나귀가 돌아오자 마구간에 있는 큰 말 옆으로 끌고 갔습니다. 비비고, 똥을 닦고, 글겅이로 긁고, 배가 닿는 데까지 새 짚을 깔고, 꼴 시렁에는 건초가 가득, 말구유에는 귀리가 하나 가득 넣어졌고, 마구간 종들이 귀리를 체로 치자, 당나귀는 귀를 쫑긋 세우고 체로 거르지 않아도 실컷 먹고도 많이 남고, 그런 명예 따위는 받지 못한다는 것을 알리려고 했습니다.

말도 당나귀도 실컷 먹은 다음에 말은 당나귀에게 물었습니다.

"그래 가련한 당나귀야, 자네 기분이 어떤가? 이런 대우가 어떠냐? 그런데 자넨 오고 싶어 하지 않았지. 자넨 어떻게 생각하지?"

---

1 나귀를 말하며 플리니우스에 의하면 아르카디아의 나귀는 매우 유명하다.

"우리 조상 중의 한 마리가 무화과를 먹었기 때문에 필레몽[1]이 너무 웃다가 죽었는데, (당나귀가 대답했습니다) 그 무화과에 걸고서 말하지만, 말님, 정말 무화과향이 좋네요. 하지만 이렇게 되면 먹이가 절반밖에 되지 않나요! 말님들은 여기서 서로 붙지 않습니까?"

"붙다니, 무슨 말인가, 당나귀 양반아? 짜증나게 말이야, 당나귀 양반아! 자넨 날 당나귀로 생각하느냐?" 말이 말했습니다.

"하하, 우린 머리가 좀 나빠서 말님들의 궁중상류 말은 잘 모릅니다. 내가 이렇게 묻고 있는 것은요. 말님들, 여기서는 올라타지를 않느냐고요?" 당나귀가 물었습니다.

"말소리 좀 낮추게, 당나귀야. 종들이 자네 말을 들으면 쇠갈퀴로 마구 얻어맞아 붙어볼 용기도 생기지 않기 때문이네. 우린 오줌을 눌 때도 여기서는 종들에게 얻어맞을까 봐 끝만 단단하게 하는 것조차도 감히 못하네. 그 이외는 왕처럼 편안하지." 말이 말했습니다.

"등에 진 길마의 안장에 걸고서, (당나귀가 말했습니다) 넌 인정받지 못하고 네 잠자리도 네 먹이도 귀리도 다 별 볼일 없는 것 같네.[2] 들판의 엉겅퀴들이 만세지. 마음껏 거기서는 할 수 있으니까. 밥은 조금 먹고 늘 말 타기 한 번, 이게 나의 좌우명이네. 이게 우리의 건초이고 말먹이이지. 오, 나의 친절한 말님, 우리의 지방회의가 열리고 장이 설 때 정부情婦들이 거위새끼와 영계를 파는 동안에 우리가 얼마나 많이 붙는가를 보았다면!"

그리고는 그들은 자리를 떠났습니다. 이것으로 끝입니다.

---

1 나귀가 무화과를 먹는 것을 보고 너무 웃다가 죽은 로마시인.

2 당나귀는 말과의 대화에서 사용했던 높임말(경어)에서 낮춤말(반말)로 전환한다.

이어 파뉘르쥬는 잠잠히 아무 말도 하지 않았다. 팡타그뤼엘은 이 이야기의 결말을 내라고 했다. 그러나 에디튀가 대답했다.

"말귀를 잘 알아듣는 사람에게는 한 마디면 충분합니다. 이 말과 당나귀 우화에서 무엇을 말하며 결론이 무엇인 줄 잘 알고 있습니다. 그런데 당신은 부끄럼을 타는군요. 여기에는 당신에게 어울리는 것은 아무것도 없다는 것을 알아주셨으면 합니다. 이제 그 이야기는 더 이상 그만하시죠."

"그런데, (파뉘르쥬가 말했다) 얼마 전 여기서 흰 털이 난 암 아브제스[1]를 한 마리 봤는데, 손으로 끌어당기기보다도 올라타시는 것이 훨씬 낫을 것 같습니다. 그리고 다른 새들이 거시기 새로 보인다면 저 암새는 귀부인 새같이 보일 것입니다. 내 말은 상냥하고 예쁘고 죄를 한두 번 범할 만한 가치가 있는 분입니다. 주께서 저를 용서해주소서. 하지만 난 결코 나쁜 짓을 할 생각으로 그런 것은 아닙니다. 원컨대 이 나쁜 내 생각이 바로 이루어질 수 있기를 천지신명께 비나이다."

1 수도원장 암새.

제8장 우리가 파프고를 가까스로 보았던 일

사흘째도 앞선 이튿날과 마찬가지로 연회와 술자리가 계속 베풀어졌다. 그날 팡타그뤼엘이 파프고[1]를 보여 달라고 간청했다. 그러나 에디튀는 그렇게 쉽게는 보여줄 수 없다고 대답했다.

"뭐라고요, 사람들에게 보이지 않게 하기 위해서 플루톤의 투구[2]를 머리에 쓰던가, 기게스의 반지[3]를 발톱에 끼든가, 또는 카멜레온[4]을 가슴에 달기라도 한 것입니까?" 파뉘르쥬가 물었다.

"아닙니다, 꼭 그런 것은 아니지만 그 새는 천성이 약간 까다롭습니다. 하지만 가능하다면 어떻게든 보실 수 있도록 하겠습니다." 에디튀가 대답했다.

에디튀는 이렇게 말하고는 자리를 떠났다. 우리는 자리에 남아 깨작깨작 먹으면서 기다리고 있었다. 15분 정도 지나 돌아온 그는 파프고는 지금이라면 볼 수 있다고 말했다. 그리고 소리가 나지 않도록 살금

1 교황 새.

2 플루톤의 투구는 그것을 쓰는 자의 모습을 보이지 않는다.

3 기게스는 기원전 7세기 리디아 왕으로 마술반지로 자기 몸을 보이지 않게 하였다.

4 플리니우스는 『자연사』에서 카멜레온의 왼발을 동명의 풀과 함께 아궁이에서 구워 거기에 연약을 섞어 정제하고, 이것을 나무단지에 넣어 두면 나중에 이 단지를 개시한 자의 몸은 보이지 않는다고 주장하였다.

살금, 조용히 곧장 새장으로 우리들을 데리고 갔는데, 그 새장 속에는 두 마리의 조그만 카르댕고[1]와 여섯 마리의 살찐 에베고[2]를 데리고 파프고가 웅크리고 앉아 있었다. 파뉘르쥬는 주의 깊게 이 새의 모습과 동작, 태도를 지켜보았다. 그리고 큰소리로 외쳤다.

"못된 짐승아, 이놈은 도가머리와 똑같이 생겼네."

"큰 소리로 말하지 마십시오. 하여간 미셸 드 마콩[3]이 현명하게도 기록한 대로 이 새는 귀를 가지고 있습니다." 에디튀가 말했다.

"저 새는 모관이 있네요." 파뉘르쥬가 말했다.

"저 새가 이런 불경한 말을 단 한 번이라도 들으면 여러분은 사라지게 됩니다. 저기 새장 속에 수반이 보이지 않습니까? 이 수반에서 천둥, 번갯불, 악마, 폭풍이 생겨나고, 그 때문에 여러분은 한순간에 그 자리에서 땅 속으로 100피트[4]나 매몰돼 버리는 것입니다."

"그보다는 먹고 마시면서 주연을 베푸는 것이 낫겠네요." 장 수도사가 말했다.

파뉘르쥬가 이 파프고와 그를 둘러싼 새들을 주의 깊게 지켜보고 있는데, 새장 밑에 부엉이[5] 한마리가 있는 것을 알았다. 그래서 소리쳤다.

"주의 공덕에 걸고서 우린 여기에 말할 수 없는 속임수의 대 사기꾼

---

1 추기경 새.

2 주교 새.

3 라블레가 1535년-1536년경 로마에서 사귄 마콩의 주교 샤를 에마르 드 드농빌을 가리킨다.

4 약 30미터.

5 야간에 새를 기습 공격하는 간계하며 불길한 새로서 로마교황의 애첩을 암시한다.

들에게 완전히 걸려 낚인 것이죠. 정말이지, 이 집 안에는 너무 많은 사기, 속임수, 허위가 있어요. 이 올빼미를 보세요! 우린 정말 죽었습니다.”

“제발 조용히 하십시오. 이건 올빼미 같은 것이 아닙니다. 수컷으로 거룩한 대주교계입니다.” 에디튀가 말했다.

“그런데 여기서 파프고에게 잠시 노래를 하도록 할 수 없을까요. 그 멋진 노래를 듣고 싶은데요.” 팡타그뤼엘이 말했다.

“그 새는 정해진 날 이외에는 노래를 부르지 않습니다. 먹이도 정해진 시간에만 먹습니다.” 에디튀가 대답했다.

“난 그렇지 않지. 난 언제나 내 방식대로 자고 먹고 마시거든요.” 파뉘르쥬가 말했다.

“지금 그 말은 적법합니다. 그렇게 말하면 결코 이교도가 될 수 없습니다. 자, 나도 같은 의견입니다.” 에디튀가 말했다.

우리는 다시 술을 마시게 되었는데 녹색 머리를 한 나이 먹은 에베고를 보았다. 그는 즐거운 새들인 세 마리의 오노크로탈[1]을 거느리고 웅크리고 나무그늘에서 코를 골고 있었다. 그의 곁에는 예쁘장하게 생긴 아브제스[2]가 즐겁게 노래를 부르고 있어, 우리는 이 노래를 너무 즐긴 결과, 그 노래를 조금도 놓치지 않으려고 해서 온몸이 귀로 변했는데 여기에만 열중하고 있었다. 파뉘르쥬가 말했다.

“이 아름다운 아브제스가 노래를 너무 불러서 머리가 터질 것만 같았는데, 저 보기 흉하고 뚱뚱한 에베고는 코를 골고 있군요. 내가 이제

1 대비서 새.

2 수도원장 암새.

실컷 노래를 부르게 해야겠네요."

그리고 나서 그 새장 위에 매달려 있는 종을 울렸다. 그러나 아무리 종을 울려도 에베고는 점점 더 코를 골기만 하고 전혀 노래를 부르지 않았다.

"신에 걸고서, 이 낡은 바람구멍이 다른 방식으로 노래를 멋지게 부르게 하지." 파뉘르쥬가 말했다.

그리고 큼지막한 돌 한 개를 들고 주교관에 던지려고 했다. 그때 에디튀가 외쳤다.

"좋으신 여러분, 이 세상의 왕과 왕자들은 마음대로 배반하고 독을 먹이고, 그 밖의 방법으로 때리고 후려치고 베고 죽이고 상처투성이로 해도 좋고, 하늘에서 천사들을 가로채도 좋습니다. 모든 은사恩赦는 파프고가 내리십니다. 하지만 생사의 구분 없이 친족이나 친구들의 생명, 이익, 재산을 아낄 것이면, 저 성스러운 새들은 건드리지 마십시오. 또한 이 사람들을 낳은 자들도 바로 불행한 일을 겪게 됩니다. 이 수반을 잘 보십시오."

"그보다는 먹고 마시며 연회를 여는 것이 낫겠네요." 파뉘르쥬가 말했다.

"그렇습니다. 앙티튀님[1], 이 악마 같은 새들을 보면 신을 모독하는 소리만 지껄입니다. 당신의 술병과 술 단지를 비우면 신을 찬양하게 되지만요. 자, 맘껏 마십시다. 아 멋진 말이로다!" 장 수도사가 말했다.

술을 마신지 사흘째가 되자 (이미 합의한 대로) 에디튀는 우리에게

1 장 수도사는 에디튀 선생의 이름을 앙티튀(바보, 얼간이)로 바꿔 부름으로써 희롱한다.

휴가를 주었다. 우리는 그에게 르 페르슈 제의 아름다운 단도[1]를 선물했는데, 그는 아르탁세륵세스[2]가 한 농민에게 시원한 물 한 잔을 얻어 마신 것 이상으로 좋아했다. 그리고 우리에게 공손히 인사를 하고 우리 배에 여러 가지 식량을 보내 주었다. 그는 우리가 즐거운 여행을 계속하기를 바라고 안전하게 여행을 마치고 계획을 완수하도록 빌어주었고, 또한 돌아올 때는 반드시 이곳을 들릴 것을 우리에게 약속을 하게하고, 유피테르[3] 신에게 걸고서 맹세하게 하였다. 마지막으로 우리에게 말했다.

"여러분, 잘 아시겠지만 이 세상에는 남자의 수보다 음낭의 수가 훨씬 더 많으니, 이것을 기억하기 바랍니다."

1 페르슈 지방의 단도는 유명하며, 『팡타그뤼엘 제 4 서』 제 42 장에서도 '멋진 작은 칼'로 묘사되었다.

2 기원전 4세기경 페르시아 왕 아르탁세륵세스 2세는 농부에게 물 한 잔을 얻어 마시고 그 대가로 많은 은화와 황금 잔을 주었다.

3 로마 신화에 나오는 최고의 신으로 그리스 신화의 제우스에 해당한다. 영어 이름은 주피터이다.

제9장 우리가 페르만 섬에 상륙한 일

우리가 배불리 먹고 있는데 배의 고물에 바람이 불어와 돛이 올려졌고, 때마침 그 바람으로 이틀도 안 되어 황량하고 사람이 살지 않는 페르만 섬에 도착했다. 우리는 여러 종류의 나무를 발견했는데, 그 나무에는 작은 괭이와 곡괭이, 갈퀴 괭이, 큰 낫, 낫, 가래, 흙손, 도끼, 낫도끼, 톱, 미장이 삽, 큰 가위, 작은 가위, 집게, 삽, 나사송곳, 송곳이 열려 있었다.

다른 나무에는 단도와 단검, 작은칼, 양날 검, 주머니칼, 송곳, 에페, 베르댕, 양날 단검, 언월도, 검, 네모화살, 식칼이 열려 있었다.

그 중 어느 것이든 갖고 싶으면 누구나 나무를 흔들면 됐다. 그러면 바로 자두처럼 떨어졌다. 게다가 땅 위에 떨어질 때 칼집풀이라고 하는 풀에 부딪쳐 그 속에 끼어들었다. 이것이 낙하할 때는 머리나 다리, 그 밖의 몸의 다른 부분에 떨어지지 않도록 주의해야만 했다. 왜냐하면 칼날에서 떨어져 (곧장 칼집에 끼어들기 때문이지만) 사람을 다치게 할 우려가 있기 때문이었다. 무슨 나무인지 그 아래에 여러 가지 종류의 풀들을 볼 수가 있는데, 그것들은 큰 창, 작은 창, 투창, 도끼창, 긴 손잡이 창, 미늘창, 갈고리 창, 쇠갈퀴, 사냥 창처럼 성장하여 나무에 닿을 정도로 높이 뻗어나, 각각 그 종류에 어울리는 철기구나 칼과 부덮쳤다. 키가 큰 나무들은 마치 여러분이 갓난아이의 배내옷을 갈아입히려고 할 때, 미리 짐작하고 옷을 준비하는 것처럼 풀이 자라기를 기다리듯 여러 가지 철제품을 준비하고 있었다. 그뿐 아니라 앞으로 여러분이 플라톤[1]이나 아낙사고라스[2], 데모크리토스[3]의 의견[4]에 대해서 두려움을 갖지 않도록 하기 위해서 하듯이, (이들은 보잘 것 없는 철학자였던가?) 이 나무들이 지상의 인간처럼 느껴진 것이었다. 단지 짐승과 다른 점은 이 나무들이 피부와 지방, 살, 정맥, 동맥, 인대, 신경, 연골, 림프선, 뼈, 골수, 체액, 자궁, 뇌수, 잘 알려진 관절을 지니고 있지 않은 것은 아니었다. 나무들은 테오프라스토스[5]가 멋지게 결론을 내리고 있는 것처럼 그런 것을 가지고 있기 때문이다. 그러나 그 나무들이 머리, 즉 줄기를 아래쪽에 갖고, 머리털, 그것은 땅속의 뿌리이고, 발이 즉 지엽인데, 그것은 하늘에 세우고 있어 마치 인간이 물구나무 서 있는 모양을 하고 있었다.

그리고 매독병자 여러분이 그런 것처럼 신경통에 걸린 다리나 견갑골에 의해서 비와 바람과 좋은 날씨 등, 모든 기후 변화의 도래를 미리 예지하듯 이들 나무들은 그 뿌리, 줄기, 고무즙, 골수에 따라서 어떤 종류의 막대기가 나무의 그늘에서 자라나는가를 미리 알고, 거기에 적당한 철구나 칼을 준비하는 것이었다. 모든 일에 있어서 (주를 제외

1 그리스의 철학자로 소크라테스의 제자이자 아리스토텔레스의 스승.

2 기원전 5세기 철학자이자 천문학자.

3 기원전 460년-380년 고대 그리스의 철학자.

4 이 철학자들은 식물의 생태에 동물적인 것이 들어있다고 주장하였다.

5 그리스의 식물학자로 아리스토텔레스의 제자. 이 구절은 테오프라스토스의 『식물지』에 의거한다.

하고) 이따금 잘못이 생기는 것은 사실이다. 자연도 기괴한 것이나 기형의 짐승을 낳게 될 때에는 이것을 면할 수가 없다. 이와 마찬가지로 이들 나무에 있어서도 나는 약간의 결함을 주목하게 되었다. 그 이유는 이 철기구가 열린 나무 아래서 작은 창이 하늘 높이 자라 지엽에 닿으면서도 칼이 아니고 빗자루와 맞닿기 때문이다. 하지만 그것도 굴뚝 소제하는데 안성맞춤이다. 하나의 창이 칼 대신 큰 가위 있는 곳까지 닿아 있는데 모든 것에 잘 맞게 되어 있다. 즉 정원의 유충을 없애는데 정말 좋다. 도끼창의 손잡이가 낫머리에 닿아 있어 자웅동체 인간[1]처럼 보였다. 그러나 이것도 풀 베는데 쓸모가 있을 것이다. 주를 믿는다는 것은 보기 좋은 일이다.

우리는 배로 돌아왔고 내 뒤로는 무엇인지 알 수 없는 덤불숲과 무엇인지 알 수 없는 사람들이, 무엇인지 알 수 없는 곳에서, 무엇인지 알 수 없는 방법으로 얻은, 무엇인지 알 수 없는 철기구의 날을 가는 듯한, 무엇인지 알 수 없는 모습이 보였다.

1 메르쿠리우스와 베누스의 아들로 양성(兩性).

제10장 팡타그뤼엘이 카사드 섬에 도착한 일

페르만 섬을 떠나 계속 우리의 여정을 이어나갔다. 다음날 우리는 카사드[1] 섬에 입항했는데 퐁텐블로의 숲[2]과 비슷했다. 이 섬의 땅이 매우 메마르고, 기암이 모래투성이로 불모에다가, 건강에 좋지 않고, 불쾌한 표면을 뚫고 튀어나와 있기 때문이었다. 우리 선장이 같은 능각을 여덟 개 가진 정입방체 모양의 조그만 바위 두 개를 가리켰다. 흰색을 띤 것으로 보아 이들 바위는 설화석고로 되어 있거나, 또는 눈에 덮여 있는 것 같았다. 그러나 선장은 그것은 골편骨片이라고 확신했다. 그리고 그곳에는 우리나라에서 매우 두려워하는 위험한 악마가 20마리나 살고 있는 6층 검정 저택이 있는데, 그 중 가장 크고 짝이 되는 쌍둥이 악마는 '6 6'이며, 가장 작은 쌍은 '1 1', 다른 중간의 쌍은 '5 5', '4 4', '2 2'라 불리며, 다른 짝이 맞지 않는 쌍의 악마는 '6 5', '6 4', '6 3', '6 2', '6 1', '5 4', '5 3'하는 식으로, 그 다음은 이에 준하여 불리었다. 여기서 내가 알게 된 것은 이 세상에서 악마를 불러내지 않는 도박꾼은 거의 드물다는 사실이다. 탁자 위에 주사위를 두 개 굴리면서 지극 정성

1 '속임수', '사기'의 의미로 이 섬의 일화는 로마교황청에 대한 암유이다.

2 파리에서 남동쪽으로 60km 떨어진 곳에 있는 퐁텐블로는 풍부한 삼림과 거대한 숲이 있어서 중세부터 왕과 귀족들에게 사냥터로 활용되었다.

으로 "나의 친구 '6 6'이여" 하고 외칠 때가 그렇지만, 즉 큰 악마를 부르는 것이다. "귀여운 내 아이 '1 1'이여" 하고 외칠 때는 작은 악마이고, "내 아들아, 다 나와라, '4 2'이여" 라든가, 그 밖의 여러 가지 소리를 지르며 악마의 이름이나 별명으로 이들을 불러내는 것이다. 게다가 도박꾼들은 그 악마를 부를 뿐만 아니라, 사실 악마는 그들의 친구이며 사이도 좋다고 말하고 있다. 이 악마들이 항상 그들이 바라는 대로 바로 나타나지 않는 것도 확실하다. 그러나 그들은 용서할 만한 자들인가? 악마들은 부르는 사람 이전에 누가 먼저 부른 경우가 있기 때문에, 그들은 다른 곳에 가 있을 때도 있으니 어쩔 수가 없는 노릇이다. 그렇다고 해서 그들에게 감각도 귀도 없다고는 할 수 없다. 내가 여러분에게 분명히 말해 두지만 그들은 멋진 귀를 가지고 있다.

선장이 우리에게 말했다. 즉 이 네모진 바위 주위와 근처에서는 시르테스[1] 만, 카리브데스[2] 대양, 시레네스[3] 해, 스킬라[4] 갑, 스트로파데스[5] 섬과 전 대양의 여러 가지 심연의 주위보다 더 많은 난파와 침몰, 생명과 재산의 상실이 있었다고 말했다. 나는 그것은 사실이라고 쉽게 믿었는데, 현명한 이집트 사람들 사이에서는 네프투누스[6] 신은 상형문자의 기본 입방체로 표시되며, 그것은 마치 아폴로 신이 '1'에 의해서, 디

1 카르타고 근처의 만의 이름.

2 메시나 해협에 있는 난소(難所).

3 상반신은 여자, 하반신은 새인 괴물.

4 이 갑은 멧시나 해협에 속한다.

5 이 섬은 현재 이오니아 해에 있는 스트리발리 군도에 속한다.

6 해신으로 이 신이 입방체(주사위 모양)로 표상되는 것은 주사위가 우연, 위난, 배의 난파와 침몰과 연관이 있음을 나타낸다.

아나 여신이 '2'에 의해서, 미네르바 여신이 '7'에 의해서 나타나는 것과 같다는 것을 상기한 것이다.

또한 선장은 주의 피를 담은 병이 하나 있는데, 그것은 신성한 것으로 사람들에게 별로 알려져 있지 않을 것이라고 말했다. 파뉘르쥬가 이 섬의 대표들에게 멋진 말로 부탁을 하여 우리는 그 병을 볼 수 있었다. 그러나 거기에는 피렌체에서 유스티니아누스 제의 『법령집』[1]을 볼 때나, 로마에서 성녀 베로니카의 미사보[2]를 볼 때보다도 3배나 더 큰 의식과 전례가 행해졌다. 수많은 성유품보 그리고 수많은 등불, 횃불, 윔플, 장식을 나는 본 적이 없었다. 끝으로 우리가 본 것은 통째로 구운 토끼머리였다. 거기서 우리는 모베[3] 죄의 처인 본 민[4]과, 옛날에 레다[5]가 낳아 부화되어 거기서 미녀 헬레나의 형제 카스트로와 폴룩스가 태어났다고 하는 두 개의 알껍데기 외에는 특별히 기억할 만한 것은 보지 못했다. 이 섬의 대표들은 우리에게 빵 대신에 그 알껍데기 한 조각을 주었다. 헤어질 때 우리는 카사드 섬의 모자와 두건[6]을 한 세트

1 유스티니아누스제의 명에 의해 편찬된 「법령집」은 로마법의 귀중한 원전으로 15세기에 피사에서 피렌체로 옮겨졌고, 이것을 공개할 때에는 엄숙한 의식에 따라 이루어졌다.

2 그리스도가 갈보리 언덕에 수난당할 때, 그 피와 땀을 예루살렘에 사는 성녀 베로니카가 자기의 미사보로 씻어 주었는데, 이 미사보에 묻은 피와 땀에 의해 그리스도의 얼굴 모습이 성유물로 존중되어 베로니카라 불리어졌다.

3 불운을 말한다.

4 웃는 얼굴을 말한다.

5 그리스 로마신화에서 백조로 변신한 유피테르 신과 관계를 맺은 여성이나 여기서는 무지한 서민을 속이기 위해서 성유물로 사기(詐欺)를 하는 가톨릭교회에 대한 풍자이다.

6 가톨릭교회의 성직자들의 모자가 종교개혁운동 후 그 가치가 없어진 것과 관련하여 가톨릭교회의 세력이 쇠퇴된 것을 암유한다.

샀는데, 그것을 팔아도 별로 이익이 없는 것 같아 나는 걱정이다. 또한 우리한테 그것을 산 사람들도 그것이 별 쓸모가 없을 것이라고 나는 생각한다.

제11장 우리가 샤 푸레 족의 대공大公 그리프미노가 살고 있는 기셰 섬을 지나간 일

우리는 또 다른 콩다나시옹 섬에 갔는데 이 섬은 참으로 황량했다. 또한 우리는 기셰[1] 섬을 지났는데 팡타그뤼엘은 이 섬에 상륙하고 싶지 않았다. 그것은 매우 잘한 일이었다. 우리 일행의 누군가가 카사드 섬의 모자를 한 집달리에게 팔려고 해서 우리는 샤 푸레[2]족의 대공 그리프미노[3]의 명령으로 체포되어 포로가 되었기 때문이었다.

샤 푸레 족이란 세상에서 매우 나쁘고 무서운 짐승들이다. 이놈들은 대리석 위에서 어린애들을 잡아먹고 그들의 배를 채운다. 술꾼들이여, 이놈들이 납작코가 될 수 있는지 없는지 생각해 주기 바란다. 그들은 피부에서 털이 자라고는 있지만 밖으로는 나오지 못하고 안쪽에 감추어져 있다. 그리고 자기들의 가문家紋이나 휘장을 위해서 전부가 입구가 벌어진 자루를 몸에 차고 있는데, 모두 똑같은 식으로 차고 있는 것은 아니다. 어떤 자는 스카프처럼 목에 걸고, 어떤 놈은 엉덩이에 차고 있고, 다른 놈은 뚱뚱한 배에 매달고 있고, 다른 자는 옆구리에

---

1 기셰는 '감옥의 문'으로 불리는 섬을 일컫는다.

2 고양이를 뜻하며 고양이처럼 손이 빠른 탐욕스러운 재판소 관원을 암시한다.

3 이 명칭은 클레망 마로의 작품인 풍자시 '가로채기 Grup'에서 만들어졌다는 설이 있으며, 그 말을 고양이와 관련시켜 의인화하였다.

차고 있는데, 다 그럴 만한 이유와 비법에 의해서 그렇게 하고 있는 것이었다. 또한 그들은 강하고 길고 날카로운 발톱을 가지고 있기 때문에, 일단 그들에게 붙잡히면 어느 누구도 도망 칠 수가 없는 것이었다. 그리고 어떤 자들은 네 개의 자루나 브라게트[1]를, 다른 자들은 거꾸로 된 두건을, 다른 패들은 둥근 모자를, 또 다른 놈들은 둥근 모자와 비슷한 것을 머리에 쓰고 있었다.

그들의 타피노디에르에 들어가니까, 반용안(半龍顔) 테스통 은화를 받은 한 구제원의 거지가 우리에게 말했다.

"좋으신 분들, 주께서 곧 무사히 당신들이 이곳을 빠져나갈 수 있도록 도와주시기 바랍니다. 그리프미노디에르 재판소의 반원형인 저 멋진 기둥들을 잘 보십시오. 그런데 유의해야 하는 것은 여러분이 다시 6올림피아스와 개 두 마리의 수명만큼이라도 산다면, 이 샤 푸레 족들이 전 유럽의 영주가 되어 이 지방에 있어서의 모든 재산과 영토를 평화스럽게 차지하게 되는 것을 볼 것입니다. 단 그들의 자손의 대에 이르러 그들이 부당하게 입수한 재산이나 수입이 갑자기 사라지지 않는다면 말입니다. 이 말은 선량한 한 거지의 의견이라고 생각해 주십시오. 그들 사이에서는 제 6원소[2]라는 것이 지배하여, 그 때문에 그놈들은 모든 것을 손에 넣고, 모든 것을 탐내고, 모든 것을 등록해 버립니다. 그놈들은 선악을 구별하지도 않고, 사람을 가리지 않고 화형에 처

---

1 남성용 바지 앞트임에 붙인 삼각형의 천조각으로 남성미를 돋보이려고 멋쟁이들이 사용하였다.

2 제 6원소는 법원관계 사람들의 교지사술(狡智詐術)에 의해서 황금을 추출하는 것을 암유한다.

하고, 부러뜨리고, 목을 자르고, 상처를 입히고, 투옥하고, 파산시키고, 파멸시켜 버립니다. 그놈들 사이에서는 악덕은 미덕이라 불리고, 배신은 신의라고 불리고, 악의는 선의라고 변명이 붙고, 약탈은 그들의 좌우명이고, 도둑질은 그들의 자유이고, 이단자는 논외로 하고, 그들이 한 강도짓은 모든 사람들에게 좋은 것으로 간주되기 때문이며, 또한 이 모든 것이 비난할 수 없는 지고의 권위로서 행해지고 있기 때문입니다."

"나의 예언을 증명하기 위해서 여기서는 먹이통이 꼴 시렁 위에 있다는 것을 주목해 주십시오. 어쨌든 이것은 기억해야 합니다. 따라서 이 세상에 페스트나 기근, 전쟁, 폭풍, 대홍수, 대화재, 그 밖의 재난이 일어나도 그것을 불길한 유성의 회합이나, 로마 교황청의 폐단이나, 지상의 왕과 군주들의 폭정이나, 위선자, 이단자, 사이비 예언자들의 사기, 고리대금업자, 위조지폐 사용자, 은화 깎는 자들의 악의, 의사, 외과의사, 약종업자들의 무지나 부주의, 정부情婦를 만들거나, 독을 넣거나, 어린애들을 죽이는 여자들의 사악한 탓으로 삼거나, 그 일과 관련이 있다고는 생각하지 말아주십시오. 이 모든 것은 샤 푸레 족의 은둔처에서 끊임없이 만들어지고 행해지고 있는, 말로는 표현할 수 없고 믿어지지 않고 끝이 없는 극악무도한 계획 때문이라고 생각하십시오. 또한 유대인들의 신비술과 마찬가지로, 그 극악무도는 세상 사람들에게는 알려져 있지 않고, 마땅히 그렇게 되어야 하건만 저주도 배척도 받지 않고 처벌을 받지도 않습니다. 그러나 그것이 언젠가는 밝혀져 사람들이 알게 되면, 어떠한 웅변이나 연설가라도 연설로 그들을 누를 자가 없으며, 아주 엄격하고 준엄한 법이라도 형벌의 공포로 사람들을 막을 수는 없고, 아무리 힘이 있는 법관이라도 권력으로 사람을 누르고, 샤 푸레 족들이 그 소굴에서 잔혹하게 한 놈도 남기지 않고 산채로 타 죽지 못하게는 하지 못할 것입니다. 이렇게 되면 그들 자신의 애들인 샤 푸리옹들도, 그 친척들도, 그들을 혐오하고 저주하게 될 것입니다. 그래서 한니발도 그의 아버지 아밀카르의 엄숙하고 경건한 훈계에 의해서, 그가 살아 있는 한 로마인을 박해하라고 명령받은 것과 마찬가지로, 저는 돌아가신 아버지로부터 하늘의 벼락이 저곳에 떨어져, 신성 모독적이고 신의적인 지금 세상의 타이탄[1]들이라고 할 놈들을 재로 만들 때까지는, 이 소굴 밖에서 기다리고 있으라는 명령을 받았지만, 사람들은 육체적 고통을 받는데 너무나 익숙해져 있고, 놈들이 가하는 그리고 앞으로도 가할 고통도 이를 느끼지 못하고 예견할 수 없게 되고, 또 그런 줄 알고도 감히 그들을 멸망시킬 용기도 없고, 그러려고 하지도 않고, 그럴 수도 없습니다."

"이건 무슨 일입니까? 아! 아니, 안되겠네요. 난 가지 않겠습니다. 주께 걸고서, 돌아갑시다. 주께 걸고서 말입니다." 파뉘르쥬가 말했다.

"고귀한 거지가 날 깜짝 놀라게 하고,
가을 하늘에 울려 퍼지는 천둥소리."

우리가 돌아와 보니 문이 굳게 닫혀 있었다. 그런데 우리에게 전해진 바에 의하면, 아베르노의 호수[2]처럼 여기에 들어오기는 쉽지만 나

1 올림포스신들 이전의 원시신들로 유피테르 신에게 맞서 10년간 싸웠지만 패배하였다.

2 이탈리아 캄파니아 지방의 호수로 지옥의 입구가 있는 것으로 전해졌다.

가기가 어렵고, 우리는 허가증과 참석 면허증이 없으면 도저히 밖으로 나갈 수가 없다는 것이었다. 단 한 가지 이유로 '큰 시장에서는 노점에서처럼 나갈 수 없다[1]'는 것이며, 우리의 '발은 먼지투성이[2]'였기 때문이었다.

우리가 기셰 섬을 지나갔을 때 최악의 사태가 벌어졌다. 우리는 허가증과 참석 면허증을 받으러 갔는데, 그는 말로 표현할 수 없을 정도로 이 세상에서 가장 추악한 괴물이었기 때문이다. 사람들은 그를 그리프미노라고 불렀다. 이 괴물은 키메라와 스핑크스, 또는 케르베루스, 또는 이집트인들이 세 개의 머리가 하나로 합친 모습으로 나타낸 오시리스 신의 상, 즉 으르렁거리는 사자의 머리와, 꼬리치는 개의 머리와, 울부짖는 늑대의 머리가 합쳐져 한 마리 용의 몸에 달라붙고, 그 용이 자기 꼬리를 무는 모습을 하고 그 주위에는 빛이 번쩍이는 듯한 모습이었다. 그 두 손은 피투성이이고, 하르퓌아[3] 괴물 같은 손톱, 까마귀 부리 같은 코, 네 살 된 멧돼지 같은 어금니, 지옥문과 같은 타는 듯이 붉은 눈을 하고, 방울솔로 짠 둥근 법관모를 쓰고 있었으며, 보이는 것은 단지 손톱뿐이었다. 이 괴물과 부하들인 그 도둑고양이들의 자리는 길고 새로운 꼴 시렁으로, 그 거지가 우리에게 설명한 것처럼 그 위에는 보통과는 반대로 넓고 멋진 먹이통이 놓여 있었다. 그 자리에는 한 노파의 상이 있는데, 오른손에는 반달 모양의 낫을 집어 들고, 왼손에는 저울을 갖고 코안경을 쓰고 있었다. 그 저울의 접시는 벨

---

1 속담으로 '들어올 때는 마음대로지만 나갈 때는 아니다'를 의미한다.

2 노숙자를 의미한다.

3 그리스 신화에 처음 등장한 여자의 머리에 독수리의 몸을 가진 괴물.

벳으로 만든 두 개의 낡은 전대인데, 하나에는 동전이 가득 들어 축 쳐져 있었고, 또 하나는 텅 비어 저울 위로 높이 올라가 있었다. 내가 보기에는 이것이 바로 그리프미노의 정의의 상징이지만 고대 테베 사람들의 제도와는 사뭇 달랐다. 테베 사람들은 자기들의 재판관이나 판사들의 조각상을 그들이 죽은 후, 그 공적에 따라서 금과 은, 대리석으로 만들었으나 어느 조각상에도 두 손이 없었던 것이다.

우리가 이 괴물 앞으로 나아가자, 누군지 모르는 사람들이, 조각조각 난 큰 글자가 쓰여 있는 전대와 자루를 찬 자들이 우리들을 신문대에 앉혔다. 파뉘르쥬가 말했다.

"친애하는 건달패 형님, 난 이처럼 서 있겠습니다. 이 의자가 반바지와 짧은 저고리를 입은 사람에게는 너무 낮아서요."

"앉으시오. 그리고 두 번 다시 그 같은 소리는 하지 마시오. 만약 또 다시 이를 어길 때는 땅이 재까닥 갈라져서 당신을 산 채로 삼켜버릴 것이오." 그들이 말했다.

제 12 장 그리프미노가 우리에게 수수께끼 하나를 내놓은 일

우리가 자리에 앉자 그리프미노는 그의 샤 푸레들의 한 가운데 둘러싸여 무섭고 격앙된 쉰 목소리로 말했다.

"그렇지, 그래, 그래."

"마시자, 마셔." 파뉘르쥬가 잇새로 말했다.

"젊은 금발 처녀가 아비 없는
이집트 피를 이어받은 아들을 배었다.
그리고 산통 없이 아들을 낳았다.
그 아들은 살무사처럼 참지 못하고,
옆구리 한쪽을 다 물어뜯고
태 밖으로 나와,
자신만만하여 산과 골짜기를 지나
하늘을 날고 땅을 밟고 다녔다.
그래서 지혜로운 친구까지도 깜짝 놀랐다.
그를 살아 있는 사람으로 믿기에는."

"자, 내게 대답해 보십시오. 이 수수께끼에 대해서 뜻이 무엇인지 당장 풀어보십시오. 어서요." 그리프미노가 말했다.

"지금 주께 걸고서, 우리 집에, 주께 걸고서, 당신의 선구자의 한 사람인 베레스처럼 스핑크스를 갖고 있다면[1], 주께 걸고서, 지금 이 수수께끼를 풀어보겠습니다. 주께 걸고서, 지금 하지만 절대로 난 그것을 기억하지도 못해서, 지금 주께 걸고서, 무실결백無實潔白합니다." 내가 대답했다.

"자[2], (그리프미노가 말했다) 스틱스의 늪[3]에 걸고서, 당신이 아무 말도 하지 않는 거라면, 내 발톱에 걸리느니보다 루시퍼[4] 마왕의 다리 사이에 떨어지는 것이, 자, 훨씬 더 낫다는 것을 보여주겠습니다. 자, 이제 잘 보이십니까? 자, 이 건달이 당신은 죄가 없다고 말하고, 자, 우리의 고문을 피할 수 있다고 생각하고 있는 것 같습니다. 자, 우리의 법은 거미줄과 같은 것입니다. 자, 작은 파리나 나비는 거기에 걸립니다. 그래서, 큰 등에는 그것을 뚫고 나갑니다. 그래서, 마찬가지로 우리도 큰 도적이나 폭군은 찾고 있지는 않습니다. 그렇습니다. 그놈들은 소화가 잘 안되고, 그래서, 우릴 몹시 미칠 지경으로 만듭니다. 당신들

---

1 베레스는 시칠리아의 욕심 많은 총독으로 호르텐티우스라는 변호사를 데리고 있는데, 키케로가 그 변호사에게 베레스의 비행을 추궁하자 자기는 모른다고 발뺌하였다. 키케로는 그 변호사가 베레스에게서 은으로 된 스핑크스 상을 받은 것을 알고 있었기 때문에 '당신이 스핑크스 상을 가지고 있으면서도 모르다니 이상하군!' 하고 비꼰다. 스핑크스는 나그네에게 수수께끼를 내걸고 이것을 풀지 못할 때에는 잡아먹었다고 전해지는데, '어려운 수수께끼를 풀 수 있는 스핑크스를 가지고 있으니까 모르는 일도 풀 수 있다'는 뜻으로 해석된다.

2 이하 "자", "그래서", "그렇습니다" 등 그리프미노의 상투적인 말은 권위적인 말투로 파뉘르쥬 또한 이를 흉내 내어 반복적으로 구사한다.

3 그리스 신화에서 지상과 저승의 경계를 이루는 강이자 그를 신격화한 여신의 이름.

4 악마의 두목.

같은 순박한 죄 없는 사람들, 그렇습니다. 죄 없는 사람들이여! 그래서, 대악마 놈이, 그래서, 당신들을 위해 미사를 부릅니다. 그렇습니다."

장 수도사는 그리프미노의 말에 참을 수가 없자 말했다.

"여보시오, 법복을 입은 악마나리, 그가 모른다는데, 도대체 그것을 어떻게 대답합니까? 당신은 진실만으로는 만족하지 않습니까?"

"자, 나의 치세가 시작된 이래로 질문을 받지 않고서 입을 연 자는 아직까지 한 사람도 없었습니다. 그렇습니다. 누가 이 미친 놈을 여기로 보냈습니까?" 그리프미노가 말했다.

"당신은 거짓말을 하고 있습니다." 장 수도사가 입술도 움직이지 않고 대답했다.

"자, 당신이 대답할 차례가 오면 대답할 일이 많게 해주겠습니다." 그리프미노가 말했다.

"이 악한아, 당신은 거짓말을 하고 있습니다." 장 수도사가 은밀하게 혼잣말을 했다.

"당신은, (그리프미노가 말했다) 한가한 사냥꾼이나 진리탐구자들과 함께 아카데미의 숲[1]에라도 있다고 생각합니까? 자, 우리는 여기에 그 밖에도 할 일이 많이 있는데, 자, 그래서, 여기서 사람들이 모르는 것에 대해서도 명확하게 대답하는 것입니다. 절대로 하지 않은 일을 했다고 대답하는 것입니다. 그래서, 절대로 배운 적이 없는 일도 잘 안다고 대답해야 하는 것입니다. 그래서, 화가 나도 참아야만 합니다. 자, 울부짖는 소리도 나지 않게 거위의 깃털을 뽑는 것입니다. 자, 당신은 위임

1 아테네인 아카데무스의 정원은 플라톤을 중심으로 한 철학자들이 모이는 장소이다.

권도 없이 떠들어댑니다. 자, 당신이 누구인지 잘 알겠습니다. 자, 염병에라도 걸려버리시오. 그래서 누가 염병에 걸린 당신과 결혼하겠습니까."

"이 악마가, 대악마, 마왕들이, 당신은 수도사들을 결혼이라도 시킬 작정입니까? 여보시오, 이런, 허, 우우, 당신은 이단자입니다." 장 수도사가 소리를 질렀다.

제 13 장 파뉘르쥬가 그리프미노의 수수께끼를 설명한 일

그리프미노는 말이 잘 들리지 않는 것처럼 하면서 파뉘르쥬에게 말을 걸었다.

"자, 그래서, 그래가지고, 그런데, 저 광대 양반, 당신은 무슨 말이라도 하고 싶지 않습니까?"

파뉘르쥬가 대답했다.

"자, 악마에 걸고서, 내가 보기에는 정말이지 여기는 페스트로 가득 찼네요. 자, 악마에 걸고서, 여기서는 죄가 없어도 안전하지는 않고, 악마가 미사찬송을 올리고 있으니, 자, 악마에게 걸고서, 당신에게 부탁합니다. 내가 모든 사람의 값을 치를 테니, 우리들이 떠나게 내버려 두십시오. 더 이상 비도 내리지 않으니까요, 악마에 걸고서."

"떠나가게 해 달라고요. (그리프미노가 말했다) 자, 3백 년 전부터 여기에 털을 남겨두고 가지 않고, 아니, 그래서, 대개는 살가죽이지만 아무것도 남겨놓지 않고 도망간 자는 한 사람도 없었습니다. 그 이유는 잘 알겠지만 그렇게 안하면, 자, 당신은 우리 앞으로 부당하게 소환되어 우리에게 부당한 대접을 받을 것입니다. 당신은 정말 불행한 사람입니다. 자, 하지만 이 수수께끼를 풀지 못하면 더 불행해질 것입니다. 자, 그럼 수수께끼의 뜻을 말해 보십시오, 자, 어서."

"그건, (파뉘르쥬가 대답했다) 자, 악마에 걸고서, 흰 잠두에서 태어난 검정콩 바구미입니다. 자, 악마에 걸고서, 콩을 갉아 구멍을 뚫고 거기서 나왔기 때문입니다. 자, 악마에 걸고서, 이 벌레는 때로는 날라 다니고, 때로는 땅을 기어 다닙니다. 자, 악마에 걸고서, 그래서 맨 처음 지혜를 사랑한 인물, 즉 그리스어로 말하면 철학자인데, 철학자 피타고라스가 높이 평가했던 것입니다. 자, 악마에 걸고서, 이 벌레는 다른 어디에선가 탈바꿈하여 인간의 영혼을 갖게 된 것입니다. 자, 악마에 걸고서, 죽은 후에는 당신들의 영혼은 바구미의 몸으로 들어가는 것입니다. 자, 악마에 걸고서, 이승에서는 당신들은 모든 것을 갉아먹으며, 저승에서는

그대가 살무사처럼 그대의 모친 옆구리를
물어뜯어 먹기 때문이지.
자, 악마에 걸고서."

"주께 걸고서, 기꺼이 제 항문이 잠두가 되어서 이 바구미들이 그 주위를 파먹기를 바랍니다." 장 수도사가 말했다.

장 수도사가 말을 끝내자, 파뉘르쥬는 법정의 중앙에 태양금화가 가득 든 큰 남자용 지갑을 하나 던졌다. 이 지갑의 소리를 들은 샤 푸레들은 마치 팔이 흔들리는 바이올리니스트처럼 손톱을 움직이기 시작했다. 그리고 모두가 이구동성으로 말하며 큰 소리로 외쳤다.

"이건 과자상자들이다. 이 소송은 정말로 맛도 좋고 감미롭고 간도 잘 맞는다. 저들은 좋은 사람들이다."

"이건 돈인데 내 말은 태양금화라는 것입니다." 파뉘르쥬가 말했다.

"본 법정은 인가하겠습니다. 자, 자, 좋습니다, 가십시오. 여러분, 자, 좋아요. 그리고 더 멀리 가십시오. 자, 좋습니다. 우린 살갗이 검을 정도로 악마는 아닙니다. 자, 좋습니다. 자, 좋아요. 자, 좋습니다." 그리프미노가 말했다.

우리는 기셰 성에서 나와 몇 명의 산독수리[1]에게 안내를 받아 항구까지 왔다. 배를 타기 전에 그들은 우리에게 우선 그리프미노의 부인과 샤 푸레의 영부인들과 모든 고귀한 분들에게 위풍당당한 선물을 하지 않으면, 배를 떠나게 할 수 없고 이를 어길 때에는 기셰 성으로 다시 끌고 갈 권한을 갖고 있다고 말했다.

"빌어먹을, 여기서 우리의 드니에 돈주머니를 한번 살펴보십시다. 그리고 저 놈들이 완전히 만족하게 해 봅시다." 장 수도사가 말했다.

"하지만 그저 가련한 악마들의 술값도 잊어버려서는 안 됩니다." 하인들이 말했다.

"가련한 악마들의 술값은 결코 잊어버리지 않을 것입니다. 모든 나라에서 그리고 사시사철동안 항상 이 술값을 기억하겠습니다." 장 수도사가 말했다.

1 프랑스 동남부 사보아 지방의 산 안내인들을 말하지만, 전설에 의하면 이 산독수리는 탐욕스러운 맹조로 황금을 캐내어 인도 산중에 감추었다. 여기서는 법원서기를 암유한다.

제14장 샤 푸레 족들은 뇌물로 산다는 것

장 수도사가 말을 다하기도 전에 68척의 갤리선과 범선이 항구에 도착하는 것이 보였다. 그는 급히 그곳으로 달려가서 무슨 일이 있었는지 물어보고, 이 선박에 어떤 상품이 적재되어 있는지 보러 갔다. 가서 확인해 보니 어느 배에나 사냥한 큰 짐승고기, 새끼토끼, 거세된 닭, 산비둘기, 돼지, 새끼 염소, 푸른 도요, 영계, 오리, 들오리, 새끼거위, 그 밖의 불치들이 실려 있었다. 그 속에는 몇 필의 벨벳, 사틴, 무늬피륙도 있었다. 그래서 이것들을 싣고 온 사람들에게 이런 좋은 물건을 어디의 어느 분께 가지고 가느냐고 물었다. 그들은 그리프미노와 그 부인들에게 가지고 가는 것이라고 대답했다.

“이런 상품을 무엇이라고 합니까?” 장 수도사가 물었다.

“뇌물이라고 합니다.” 여행자들이 대답했다.

“그렇다면 저들은, (장 수도사가 말했다) 뇌물로 살고 그의 자손들은 멸망하겠네요. 주의 공덕으로 그럴 것입니다. 저들의 조상은 선량한 귀족들을 잡아먹었습니다. 그 귀족들은 신분 때문에 싸울 때는 멋진 솜씨를 보이고, 어려움도 잘 참고 견디기 위해서 매사냥과 짐승사냥을 통해서 몸을 단련했습니다. 왜냐하면 사냥이란 것은 모의전투와 같은 것이며, 크세노폰[1]도 그 점에 대해서는 거짓말은 하지 않았기 때문입니다. 사냥에서는 마치 트로이의 목마[2]에서 나오듯 모든 훌륭한 장군이 나온다고 이분은 기록했습니다. 난 학자는 아닙니다만 사람들이 나를 학자로 생각한 일이 있었고, 그런 얘기를 들은 적이 있었고, 사실 그렇다고 생각합니다. 저 그리프미노의 견해에 의하면, 귀족들의 영혼은 죽은 후 멧돼지나 어미사슴, 염소, 왜가리, 자고, 그 밖에 평생 늘 사랑하고 뒤쫓던 짐승들의 몸속으로 들어간다는 것입니다. 그런데 그 샤 푸레 족은 귀족들의 성, 땅, 영토, 재산, 연금과 수익을 파괴하여 탐식하고, 내세에서도 그들의 피와 영혼을 뒤쫓고 있습니다. 꼴 시렁 위에 놓인 구유라는 이상한 도구를 가리키며, 우리에게 경고를 한 저 착한 거지의 말은 정말이었습니다."

"그렇습니다. 그러나 대왕의 명령에 의해서 암사슴, 수사슴, 멧돼지, 어린 염소 같은 것을 잡으면, 누구든지 교수형에 처한다는 것을 알고 있을 텐데요." 파뉘르쥬가 여행자들에게 말했다.

"물론입니다. (한 남자가 모두를 대신해서 말했다) 하지만 대왕님은 참으로 착하시고 인자하신 분입니다. 저 샤 푸레들은 완전히 미쳐서 그

---

1 고대 그리스의 사상가이자 저술가로 소크라테스의 제자이며 플라톤과는 동문수학한 사이이다.

2 트로이 목마는 뛰어난 목수이자 권투선수였던 에페이오스가 만들었다. 그리스인들은 전쟁에서 철수하는 체하고 근처의 테네도스 섬에 정박하고 있었다. 뒤에 남은 시논은 트로이인들에게 이 말이 트로이를 난공불락의 성으로 만든 아테나 여신에게 받치는 제물이라고 말했다. 라오콘과 카산드라의 경고에도 불구하고 트로이인들은 이 말을 성 안으로 들여놓았으며, 이 말 안에 들어 있던 그리스 병사들은 그날 밤 성문을 열어 그리스 군대를 들어오게 했다. 이 이야기는 『아이네이스』와 『오디세이아』에도 언급되어 있다.

리스도교의 피에 굶주려 있기 때문에, 그런 뇌물로 이 샤 푸레들을 부양하지 않고서 앞날의 희망을 잃어버리기보다는 대왕께 불경한 편이 덜 두려울 것입니다. 더군다나 내일은 그리프미노가 그 친족인 샤 푸레 아가씨를 털이 폭신폭신한 샤 푸레의 뚱보 큰 고양이에게 시집을 보내는 날이기 때문입니다. 옛날에는 그놈들을 모두 마슈포앵[1]이라고 불렀습니다. 그런데 유감스럽게 더 이상 마초를 먹지 않습니다. 현재 우리는 그놈들을 새끼 산토끼 먹는 놈, 자고새 먹는 놈, 메추리도요 먹는 놈, 새끼 꿩 먹는 놈, 영계 먹는 놈, 새끼염소 먹는 놈, 토끼 먹는 놈, 돼지 먹는 놈이라고 부르는데, 그놈들은 다른 고기는 먹지 않기 때문입니다."

"거 참, 빌어먹을, 내년에 우린 그놈들을 오물 먹는 놈, 설사 먹는 놈, 똥 먹는 놈이라고 부르죠. 날 믿나요?" 장 수도사가 말했다.

"예, 물론입니다." 모두가 대답했다.

"두 가지 일을 합니다. 첫째, 거기에 있는 불치를 모두 우리가 압수하도록 하겠습니다. 난 소금에 절인 고기가 몹시 싫어졌습니다. 소금에 절인 고기 때문에 아랫배가 따끔따끔 쑤십니다. 물론 그 대가는 충분히 치렀습니다. 둘째는, 저 기셰 성으로 가서 그 샤 푸레 악마를 전부 습격하도록 하겠습니다." 장 수도사가 말했다.

"틀림없이 난 거기에 가지 않겠네. 난 원래 겁쟁이거든." 파뉘르쥬가 말했다.

1 말먹이까지도 먹는 탐욕스런 인간이란 의미로 법조인들의 강욕을 암시한다.

제 15 장 장 수도사가 샤 푸레들을 습격하기로 결의한 일

"법의의 공덕에 걸고서, (장 수도사가 말했다) 우린 여기서 어떤 여행을 했습니까? 무익한 여행을 했습니다. 우린 소리 없는 방귀나 소리 나는 방귀를 뀐다거나, 똥을 싸거나, 공상에 잠기거나, 아무 일도 하지 않았습니다. 젠장! 이건 내 성질에 맞지 않습니다. 항상 난 어떤 무훈을 세우지 않으면 밤에 잠을 잘 수가 없습니다. 여러분이 날 여행에 동참시켜준 것이 미사를 드리거나 고해를 들려주기 위해서였던 것입니까? 가자미의 부활제로다. 이번 여정에 참여하지 않는 자는 누구나 비겁한 자, 비천한 자로 속죄하기 위해 바다에 몸을 던져버리게 되겠지만, 그러면 연옥에서의 고통이 그만큼은 줄어들 것입니다. 몸을 던질 때는 머리부터 거꾸로 던져야 합니다. 무엇이 그토록 헤라클레스의 이름을 세상에 알리고 영원토록 하게 하였습니까? 세계를 편력하면서 이분이 여러 민족을 폭정과 잘못된 생각과 위험과 억압으로부터 구해냈기 때문이 아닌가요? 이분은 모든 강도와 괴물, 독사와 유해한 짐승들을 죽여 버렸습니다. 왜 우린 그분을 본받으면 안 되는 걸까요? 그리고 우리가 지나가는 모든 땅에서 왜 그가 했던 것처럼 행동하지 않는 걸까요? 그는 스팀팔리데스[1] 새나 레르네의 물뱀, 카쿠스나 거인 안

1 이하 그리스 로마신화에 나오는 헤라클레스에게 퇴치된 괴조나 괴물들.

타이오스나 켄타우로스 등을 무찔렀습니다. 난 학자는 아니지만 학자들은 그렇게 말하고 있습니다. 그들을 본받아서 저 샤 푸레 족들을 무찌르고 약탈합시다. 저놈들은 악마의 부하들입니다. 저놈들의 폭정으로부터 이 나라를 해방시켜 줍시다. 난 마호메트를 부정합니다. 내가 그만큼 강하다면 여러분의 도움이나 조언도 요구하지는 않겠습니다. 자, 갑시다. 맹세코 말하지만, 쉽게 그들을 죽여 버릴 것이며, 저놈들도 끈기 있게 견뎌낼 것입니다. 난 그것을 의심하지 않습니다. 하여튼 저놈들은 암돼지 열 마리가 개수대 물을 마시는 일 이상으로 우리의 저주를 잘 참았으니까요. 출발합시다."

"저놈들은 욕설도 불명예도 걱정하지 않습니다. (내가 말했다) 자루에 금화만 넣어주면 말입니다. 아무리 개망신을 당해도 마찬가지입니다. 그러니 헤라클레스처럼 저놈들을 죽여 버릴 수 있습니다. 지금 에우리스테우스의 명령이 우리에게는 내리지 않았을 뿐, 그 이외에는 현재 아무런 부족도 없지만, 유피테르 대신이 옛날 선량한 바쿠스의 첫번째 어머니였던 세멜레를 방문했을 때처럼, 한 두 시간쯤 녀석들 사이를 산책해 주셨으면 합니다."

"주께서 우릴 그놈들의 발톱에서 도망칠 수 있도록 은혜를 베풀어 주시옵소서. (파뉘르쥬가 말했다) 나로 말할 것 같으면, 난 그곳으로 돌아가지 않겠습니다. 그곳에서 겪은 고통 때문에 아직 가슴도 아프고 목도 아픕니다. 그리고 그곳에서는 세 가지 일 때문에 무척 화가 났습니다. 첫째는 이유 없이 화를 낸 것 때문에, 둘째도 이유 없이 화를 낸 것 때문에, 셋째도 이유 없이 화를 낸 것 때문입니다. 나의 왼쪽 음낭인 장 수도사, 자네 오른쪽 귀로 잘 들어주게. 자네가 모든 악마들에게 몸을 맡기고, 미노스와 아에아쿠스와 라다만투스와 디스의 재판소에 나가고 싶다면, 언제나 몇 번이고 난 동반자가 되어 자네와 함께 아케론, 스틱스, 코키토스의 강을 건너 레테의 강물[1]을 한 잔 가득 퍼서 마시며 배를 건넌 삯을 카론에게 2인분을 언제라도 지불할 수 있네. 하지만 기셰 성에만은 나 혼자서 갈 생각이 없으니 다른 사람을 데리고 가게. 난 거기에 돌아가지 않겠네. 이말 한마디가 자네에게는 청동의 벽이지. 만일 강제로 날 끌고 가려고 해도 내가 이 세상에 살아 있는 한은 칼페 산이나 아빌라 산에 접근하지 않으려는 것처럼, 한 걸음도 앞으로 가지 않겠네. 율리시스는 키클로페의 동굴로 칼을 찾으러 되돌아갔던 적이 있었나? 없었지. 내가 기셰 성에는 두고 온 것도 없으니 말이야. 난 그곳에 가지 않겠네."

"오, (장 수도사가 말했다) 착하고 솔직한 사지가 마비된 친구 녀석이네! 하지만 영묘한 박사님, 쓸데없는 말은 마시고 이야기나 하지. 도대체 화폐가 가득 든 전대를 녀석에게 던져준 것은 도대체 무엇 때문이고 누가 그렇게 한 것인가? 우리가 그처럼 돈이 많다는 것인가? 깎다 남은 테스통(용의 얼굴이 각인된 은화)을 몇 장만 던져주어도 충분하지 않았던가?"

"그 이유는, (파뉘르쥬가 말했다) 그리프미노가 그 벨벳전대를 열고 '자, 돈은 여기에 있네! 돈은 여기에 있네! 돈은 여기에 있네!'라고 외쳤기 때문이지. 그래서 난 돈을 여기저기에 뿌리고, 신과 악마에 걸고서,

1 레테는 그리스 신화 속의 망각의 여신이자 강으로 아케론, 코키토스, 플레게톤, 스틱스와 함께 망자가 하데스가 지배하는 명계로 가면서 건너야 하는 저승에 있는 다섯 개의 강 중 하나이다.

자, 그러면 무사히 자유롭게 빠져나올 수 있으리라 생각한 것이지. 왜냐하면 벨벳전대는 테스통[1]이나 잔돈을 넣어두는 것이 아니기 때문이지. 그건 눈부신 태양금화를 넣어두는 전대이거든. 알겠나, 내 귀여운 장 수도사? 자네가 나처럼 많은 고기를 굽고 나처럼 구운 고기가 되었더라면, 또 다른 뜻 모를 소리를 할 텐데. 하지만 저놈들의 명령대로 우린 출발해야만 하네."

그 건달들은 여전히 항구에서 어느 사람의 돈을 손에 넣으려고 기다리고 있었다. 그리고 우리가 돛을 올리고 떠나려고 하는 것을 보고는 장 수도사에게 경고를 하고, 향신료 품목의 과세율에 따라서 집달리에게 바치는 술값을 지불하지 않으면 출항시키지 않겠다고 말했다.

"발트루 성인의 축제로다. 모든 악마들의 그리푸스 독수리들, 너희들은 아직도 여기에 있었냐? 더 이상 날 귀찮게 굴지 않아도 난 정말 불쾌하구나. 신의 성체에 걸고서, 당신들은 지금 틀림없이 술값을 내야지." 장 수도사가 말했다.

그리고 장 수도사는 그 단검을 칼집에서 빼어 들고는 그들을 잔인하게 찔러 죽일 작정으로 배에서 뛰어나왔다. 그러나 이 녀석들은 재빠르게 도망쳐 사라져 버렸다.

그렇다고 해서 우리에게 불쾌한 일이 끝난 것은 아니었다. 우리 선원의 몇 사람이 팡타그뤼엘에게 허가를 받아 우리가 그리프미노와 대면하고 있는 동안, 항구 근처에 있는 어느 술집에서 술을 마시며 잠시 휴식을 취하고 있었다. 그들이 대금代金을 지불했는지, 지불하지 않았

---

1 루이 12세 때 만들어진 은화로 왕의 초상이 새겨져 있었고 16세기 중후반에 생산이 중단되었다.

는지 모르나, 나이 먹은 여주인이 육지로 올라온 장 수도사를 보고, 샤푸레의 사위의 집달리와 두 집달리의 입회인을 입회시켜 끈질기게 하소연을 했다. 장 수도사는 그들의 변론과 진술에 화를 참지 못하고 물었다.

"거기 건달들, 여보시오, 결국 우리 선원들이 좋은 사람들이 아니라고 말하려는 거 아닙니까? 사실은 그 반대라는 것을 내가 증명해 보이겠소. 법에 따라 내가 그 증거를 보여주겠소. 요컨대 이 단도로 말이오."

이렇게 말하고 그 단도로 멋진 칼솜씨를 보였다. 그 촌놈들은 재빠르게 도망쳤지만, 노파만이 남아서 장 수도사에게 선원들이 좋은 분들이긴 한데, 식후에 휴식한 침대 값은 내지 않았다고 하소연하며, 투르 화폐 다섯 장을 달라고 요구했다.

"이건 정말 싸군요. 저 녀석들은 배은망덕한 자들이네요. 언제라도 이 값으로는 치를 수도 없겠네요. 내가 기꺼이 지불해 주겠지만 잘 봐 두어야겠네요." 장 수도사가 말했다.

노파는 장 수도사를 자기 집으로 안내하여 침대를 보이고, 침실에 대한 장점을 한껏 자랑하고 나서, 화폐 다섯 장을 달라고 요구하며, 그것은 결코 비싼 값이 아니라고 했다. 장 수도사는 노파에게 화폐 다섯 장을 주었다. 그리고 단도로 깃털이불과 깃털베개를 두 동강으로 잘라 깃털을 바람 부는 대로 창문으로 던져버렸다. 그러자 노파는 사람 살려! 살인이다! 외치며 달려 내려가 열심히 깃털을 줍고 있었다. 장 수도사는 그것으로 만족하지 않고 이불과 요, 시트 두 장을 아무도 모르게 그의 배로 가지고 왔다. 하늘이 눈처럼 깃털로 가득히 차 어두웠는데, 장 수도사가 가져온 그 물건들을 선원들에게 나누워 주었다. 그리고 팡타그뤼엘에게 우리나라에서 유명한 퐁티유 산의 거위가 있지만, 이 침대는 쉬농[1]보다도 훨씬 싸다고 했다. 노파는 침대의 대가로서 5두쟁[2] 밖에 요구하지 않았는데, 쉬농에서는 12프랑 이하로는 안 되기 때문이었다.

1 라블레의 양친의 집이 있었던 마을로 투렌 서쪽 지방.

2 프랑스의 옛 은화로 12드니에, 즉 25상팀으로 한화로 약 30원에 해당한다.

第16장 우리가 우트르 섬을 지나간 일과, 파뉘르쥬가 거기서 죽을 뻔한 일

그 순간 우리는 우트르[1] 섬의 뱃길을 따라 갔는데, 우리에게 일어난 여러 사건을 팡타그뤼엘에게 이야기하자 애틋한 동정심을 나타내며, 그것을 소재로 하여 기분전환을 위한 애도시를 서너 개 썼다. 우트르 섬에 도착한 우리는 잠시 휴식을 취하고 맑은 물을 퍼서 저장해 두기 위해서 나무를 베었다. 그리고 이 나라의 주민들은 얼굴 안색이 상당히 좋아 보이고 음식을 좋아하는 사람들처럼 보였다. 모두 가죽부대처럼 부어오르고 살이 쪘다. 그래서 우리는 (다른 나라에서는 아직 보지 못했지만) 그들이 자기 피부를 갈라 그 속의 기름기를 부풀게 하고 있음을 알게 되었는데, 이것은 내 고향의 멋쟁이들이 자기 바지 윗부분을 베고 호박단이 부풀어 오르도록 하는 것과 거의 같았다. 그런데 그들의 말에 따르면, 이런 일을 하는 것은 뽐내거나 자만심을 보이기 위해서가 아니라, 그러지 않고서는 피부 안에 그것을 다 보유할 수가 없기 때문이라는 것이었다. 또한 이렇게 하면 전보다 잠시 동안에 커지며, 마치 정원사가 가능한 한 빨리 크게 성장시키기 위해서 어린 나무

1 명사로는 '가죽부대'를 의미하고, 부사로는 ' … 을 통과해서', '… 의 한도를 넘어서'의 뜻을 갖고 있다.

껍질에 칼자국을 내는 것과 마찬가지였다.

항구 근처에 외관이 아름답고 멋진 술집이 있어, 남녀 구별 없이 나이와 신분의 차이 없이 수많은 우트르 족이 그곳에 달려가는 것을 보고, 우리는 무슨 유명한 축제나 술잔치가 벌어진 것이 아닌가 생각했다. 그러나 이 사람들은 술집 주인의 '배 터지기 잔치'에 초대받고 가까운 친지와 친척들이 거기에 급히 가는 중이었다. 이런 은어가 무엇인지 알 수가 없고 이 나라에서는 술잔치를 '배 터지기 잔치'라고 부르고 있는데, 우리가 약혼식, 결혼식, 망아지 잔치[1], 양털 깎기 잔치, 풍년 잔치라고 부르는 것과 같은 것이라고 생각하고 있는데, 우리는 다음과 같은 일을 알게 되었다. 즉 이 집의 주인은 그 전성기에는 유쾌한 방탕꾼이고 대식가이고 리옹의 스프[2]를 엄청 먹고, 괘종시계를 노려보기로 유명하고, 루이약[3] 주인 영감처럼 언제나 식사를 하고 있는데, 벌써 10년간이나 감당이 안될 만큼 비계 터지는 소리를 낸 결과, '배 터지기 잔치'를 하게 되어 이 나라의 관습에 따라서 배를 터뜨려 그 생애를 마치기로 된 것이었다. 오랜 세월에 걸쳐 칼자국을 낸 복막과 피부를 아물릴 수도 없고, 몸통에 구멍을 뚫어놓은 술통처럼 오장육부를 틀어 막고 밖으로 흘러 떨어지지 않게 할 수도 없었기 때문이었다.

"무슨 일이지요. 여러분, 부득이한 경우에는 질기고 굵은 가죽 끈이나, 단단하고 굵은 마가목, 필요에 따라 쇠바퀴를 써도 그의 배를 맬 수가 없나요? 그렇게 매어놓으면 뱃속에 있는 내장이 그리 쉽게 밖으

1 갓 태어난 어린 말의 출산을 축하하는 술잔치.

2 치즈와 양파를 넣어 만든 스프.

3 보르도 거리로 통하는 길의 앙굴렘 근처 마을.

로 튀어 나오거나 터지지도 않을 텐데요." 파뉘르쥬가 말했다.

이 말이 끝나기도 전에 어떤 크고 굵은 참나무가 둘로 갈라지는 것처럼, 높고 날카로운 소리가 하늘 어딘가로부터 들려왔다. 그리고 이웃사람들의 말로는 그 집주인의 '배 터지기 잔치'가 거행되었고, 그 소리는 죽을 때나는 방귀소리라는 것이었다.

그래서 난 존경할 만한 샤틀리에의 수도원장이 생각났는데, 이분은 '법의의 공덕에 의하지 않는 한은' 그의 시녀들과 말 타기 놀이를 하지 않았는데, 만년에 그의 친척과 친구들로부터 수도원장직을 사임하도록 하는 성가신 권유를 받았을 때, 다음과 같이 단언했다. '잠이 들기 전에는 몸에 걸친 것을 벗지 않을 것이며, 원장이 뀌는 마지막 방귀가 바로 원장 방귀가 될 것이다.'

제17장 우리 배가 좌초되어 캥트 에상스[1] 나라의 여행자들에게 도움을 받은 일

우리는 닻과 밧줄을 올리고 평온한 서풍을 타고 떠났다. 2백 22마일쯤 갔을 때 역풍이 불어오고 무시무시한 회오리바람이 일어나서, 앞돛대와 가운데 돛대를 쓰면서 우리는 잠시 동안 그 주위에서 때를 기다렸다. 이것은 오로지 선장의 명령을 따르지 않는다는 말을 듣지 않기 위해서 그렇게 한 것인데, 선장은 온화한 바람으로 보거나, 즐거이 스쳐지나가는 바람으로 보거나, 청명한 하늘과 조류의 고요함으로 보아 큰 행운에 대한 희망도, 큰 해악을 만날 걱정도 없을 것이라고 단언했기 때문이고, 따라서 참고 견디며 단념하는 일[2], 다시 말해서 때를 기다린다는 것을 가르쳐준 철학자의 가르침이 이때 우리의 상황에 딱 맞았기 때문이다. 그런데 회오리바람은 좀처럼 가라앉지 않고 오래 지속되고, 우리가 성가실 정도로 요청했기 때문에, 선장은 회오리바람을 뚫고 우리의 첫 항로를 따라 가려고 했다. 사실 뒷돛대를 올리고, 나침반 바늘이 가리키는 대로 키를 맞추어, 심한 돌풍을 이용하여 회오리

1 제5원소로 만유정수(萬有精髓)를 말한다. 연금술사는 제4원소(지수화풍) 이외에 제5원소(에테르, 정기, 영기와 같은 것)가 존재하여 모든 것의 근본을 이룬다고 주장한다.

2 그리스 스토아학파 철학자 에픽테토스의 잠언, '고통을 참고 쾌락을 버려라'에 의거한다.

바람 속으로 전진했다. 그러나 우리는 카리브디스의 난을 피하여 스킬라의 위험[1]에 빠지는 식의 비슷한 불행을 맛보게 되었다. 거기서 2마일쯤 되는 곳에서, 우리의 배가 생 멕상[2]의 곶과 같은 모래밭에 좌초해 버렸다.

우리 선원들은 하나같이 몹시 슬퍼했고 강풍은 앞돛을 향해 세게 불었다. 그러나 장 수도사는 조금도 우울한 표정을 짓지 않고, 이 사람 저 사람들에게 부드러운 말투로 위로하고, 요컨대 주의 도움이 있을 것이며 활줄 끝에 카스토르의 불이 보였다고 말했다.

"주께 바라는 것은, (파뉘르쥬가 말했다) 이 시간 우릴 땅에 있게 해 달라는 것뿐입니다. 더 이상 아무 것도 없습니다. 그리고 바닷물을 매우 좋아하는 분들 한 사람 한 사람에게 '20만 장의 금화를 주십시오' 하는 것입니다. 여러분의 무사귀한을 위해 송아지를 닭장에 가둬두고, 장작 백 다발을 물에 얼려두겠습니다. 저는 이제 알았습니다. 결혼은 절대로 하지 않겠습니다.[3] 제발 육지로만 돌아가게 해주십시오. 날 말에 태워 보내주십시오. 하인은 없어도 좋습니다. 하인이 없을 때가 난 너무나 좋았기 때문입니다. 우리의 십자가, 즉 슬픔과 괴로움, 걱정거리는 우리 하인의 수와 같다고 플라우투스[4]는 말했습니다. 게다가 그

1 카리브디스와 스킬라는 시칠리아 섬 부근에 있는 난소(難所)로 '어려움이 지나면 새로운 어려움이 온다'의 뜻을 함축하고 있다.

2 프랑스 서남부 지롱드 주에 있는 항구 이름.

3 『팡타그뤼엘 제3서』에서 파뉘르쥬의 결혼문제가 주제가 된다. 그러나 『팡타그뤼엘 제4서』와 『팡타그뤼엘 제5서』에서는 드물게 회자된다. 특히 이 결혼문제는 이 단락에서 처음으로 언급되고 있다.

4 기원전 254년-기원전 184년 로마의 희극작가.

들은 혀가 없었습니다. 혀는 하인이 가지고 있는 가장 위험하고 나쁜 것입니다. 그래서 그 때문에 하인용의 고문도구나 심문대나 형장고문이 발명된 것이지 다른 보통사람 때문은 아닙니다. 현재 이 사건에 대해서 몇 명의 법학자들이 이 왕국 밖에서 비상식적인 결론을 내려 봐도 헛일이기 때문입니다."

바로 그때 많은 북을 실은 배 한 척이 우리를 향해 다가왔는데, 이 배에는 내가 알고 있던 명문 출신의 승객들이 타고 있었다. 그들 가운데 옛 동료 앙리 코티랄[1]도 보였다. 그는 여자들이 묵주를 늘어뜨리고 있듯이, 허리띠에 큰 당나귀 불알 모양의 주머니를 축 늘이고, 왼손에 기름 먹은 낡고 더러운 사제용 두건을 갖고, 오른손에는 굵은 양배추를 가지고 있었다. 날 알아보자 기뻐 소리를 지르며 말했다.

"내가 가진 것을 보았습니까? 이건 (당나귀 불알 모양의 주머니를 보이며) 진짜 알가마나[2]입니다. 이 박사모는 우리의 유일한 엘릭시코[3]이며, 이건 (양배추 속을 보이며) 대월초입니다. 이건 당신들이 돌아갈 때 만들어 드리겠습니다."

"그런데 당신들은 어디서 왔습니까? 어디로 갑니까? 무엇을 나르고 있습니까? 바닷물 맛은 보았습니까?" 내가 물었다.

---

1 다수의 주석자들은 이 인물을 앙리 코르네이 아그리파로 추측한다. 아그리파는 박학한 철학자로 점술에 능통하고 4원소의 신비과학과 연금술을 설파하였다. 1530년대 라블레는 리옹에서 아그리파와 교제한 바 있었다. 『팡타그뤼엘 제3서』 제25장에서 점술의 대가 헤르 트리파(Her Trippa) 인물을 등장시키고 있지만, 조롱을 서슴지 않는 점은 아이러니하다.

2 수은과 금의 화합물.

3 알코올을 주성분으로 한 선약(仙藥)으로 수성(水星)과 태양을 뜻하거나 황금을 만들기 위해서 사용되는 선약용액(仙藥溶液).

앙리 코티랄이 나에게 대답했다.

"제5원소[1] 나라에서 와서 투렌 나라로 연금술을 가지고 돌아가는 것인데, 바닷물 맛은 똥구멍까지 맛보았습니다."

"그 배에 어떤 사람이 여러분과 함께 타고 있습니까?" 내가 물었다.

"가수, 악사, 시인, 점성술사, 문인, 토점술사, 연금술사, 시계상들이지만 모두 제5원소 나라 사람들이며, 이것을 증명할 아름답고 상세한 소환문서를 가지고 있습니다." 앙리 코티랄이 대답했다.

그가 이런 식으로 말을 하자 불쾌하고 화가 난 파뉘르쥬가 말했다.

"당신들은 좋은 날씨든 어린애든 무엇이든지 만들 수 있지 않습니까. 왜 여기 와서 이 뱃머리를 잡고 곧바로 우릴 바다 한가운데로 데려다주지 않는 겁니까?"

"가려고 하는 중이오. 이 시간에, 이 순간에, 지금부터 여러분은 물 밑으로 빠져나갈 수가 있습니다." 앙리 코티랄이 말했다.

그리고 그는 753만 2천 810개의 큰 북 한쪽에 구멍을 뚫게 하고, 앞장루 쪽을 향해 세우고, 밧줄로 모든 곳을 꼭 매고, 우리 뱃머리를 붙잡고 계주에 동여맸다. 그리고 한 번 충격을 가해 쉽게 우리를 모래에서 끌어냈는데 매우 재미있었다. 왜냐하면 북소리에 자갈의 감미로운 속삭임과 선원들의 노래가 합쳐 플라톤이 며칠 밤을 자면서 들었다는 회전하는 별의 음조에 못지않은 즐거운 가락을 들을 수 있었기 때문이었다.

우리는 이런 은혜를 입으면서 그들에게 배은망덕한 사람들이라는

---

1 제5원소는 피타고라스학파에서는 만유의 정수, 일종의 에테르와 같은 것으로 중세의 연금술사들도 분석의 극한에서 얻어지는 것으로 생각하였다. 따라서 연금술사를 '제5원소 추출자'라고도 불렀다.

소문을 듣는 것이 싫어서, 우리가 가지고 온 돼지순대를 그들에게 나누어주고, 북 속에는 소시지를 가득 넣어주고, 상갑판 위에다 포도주를 62단지나 가져다주었다. 그때 큰 고래 두 마리가 맹렬하게 그들의 배에 돌진해 와서, 쉬농에서 소뮈르까지의 비엔나 강[1]의 물보다도 훨씬 더 많은 물을 그들에게 퍼부어 모든 북을 물로 가득 채우고, 모든 돛의 활대를 적시고, 그들의 목덜미에서 바지 속까지 흠뻑 적셨다. 이것을 본 파뉘르쥬는 너무나 기뻐하고 비장이 너무 부풀러 올라올 정도로 너무 웃어 두 시간 이상이나 심한 복통설사를 했다.

"저들에게 술값을 주고 싶었는데, (파뉘르쥬가 말했다) 그때 알맞게 바닷물을 꽤나 마셔버렸구나. 저들에게 맑은 물은 아무렇든 괜찮으니까. 손 씻는 데 밖에는 사용하지 않으니 말이야. 이 멋진 짠물도 제버[2]의 부엌에 가면, 그들에게는 붕사硼砂의 역할, 초석의 역할, 염화암모니아의 역할은 하겠지."

우리는 더 이상 이들과 오랫동안 얘기를 할 여유가 없었다. 우리는 갑자기 불어온 회오리바람으로 키가 자유롭지 못했기 때문이다. 그리고 선장은 앞으로의 뱃길은 바다에 맡기고, 식사에 관한 일 이외에는 다른 생각은 하지 말아 달라고 우리에게 당부했다. 그리고 오늘 무사히 제5원소 왕국에 도착하려면, 우리는 이 회오리바람을 따라 조류를 타고 나아가야만 한다는 것이었다.

---

1 프랑스 중서부 루아르 강의 한 지류.

2 8세기 스페인 세빌리아 태생의 아랍 연금술사.

제18장 우리가 앙텔레시라 하는 캥트 에상스 왕국에 도착한 일

반나절 동안 조심스럽게 회오리바람을 따라가니, 사흘째는 대기도 더 맑아진 듯하여 제5원소의 궁전에서 별로 멀지않은 마테오테크니[1] 항구에 무사히 상륙했다. 우리가 항구로 내려가자 병기창을 경비하고 있던 여러 사수와 병사들이 우리 앞에 나타났다. 갑작스럽게 생긴 일이라 우리는 좀 무서웠다. 그들은 우리에게 무기를 버리게 하고 거만하게 심문하며 물었다.

"여보시오. 당신들은 어느 나라에서 왔소?"

"형님들, 우린 투렌 사람들입니다. 방금 프랑스를 떠나왔는데, 캥트 에상스 여왕님께 인사드리고 성대한 앙텔레시[2] 왕국을 보고자하는 열망을 가지고 있습니다." 파뉘르쥬가 말했다.

"무슨 말을 하는 것이오? 당신들은 앙텔레시(원현圓現)인가요? 아니

---

1 공공학학(空空學學), 즉 헛되고 무용한 학문으로 라블레는 제5원소가 통치하는 원현 왕국의 항구를 이렇게 부른다.

2 아리스토텔레스는 플라톤의 이원론적 세계관을 개조하고자 질료(質料)는 형상과 결부되어 실현(實現), 완성(完成), 원현(圓現)을 이룬다고 주장하고, 이 질료의 원현을 '엔텔레케이아' 또는 '에네르게이아'라고 명명하였다. 라블레는 제5원소 여왕이 군림하는 왕국에 이 명칭을 부여한다.

면 앙텔레시(현원現圓)인가요?[1]" 그들이 물었다.

"좋으신 형님들, 우린 단순하고 무지한 사람들입니다. 우리말의 촌스러움을 용서하십시오. 요컨대 우리의 마음씨는 착하고 정직합니다." 파뉘르쥬가 대답했다.

"이유 없이, (그들이 말했다) 당신들에게 이 차이점에 대해서 심문하지는 않겠소. 당신의 나라 투렌에서 이곳으로 많은 사람들이 건너왔는데, 모두 사람이 좋은 시골뜨기 같았지만, 말을 예의 바르게 하고 있소. 그런데 스코틀랜드 사람[2]처럼 오만하고 거만한 어디 태생인지 알 수 없는 녀석들이 다른 나라에서 건너와 입국할 때에 완강하게 우리에게 대들었소. 아무리 그들이 얼굴을 찡그려도 우린 그들을 귀여워해 주었소. 당신들 나라에서는 시간이 남아서 활용할 데가 없기 때문에, 이처럼 우리 여왕의 이야기를 하거나, 여왕님에 대하여 논쟁을 하거나, 함부로 글을 쓸 궁리밖에 하지 않소? 키케로[3]가 이런 일에 관계하기 때문에 그 국사를 포기할 수밖에 없었던 일도 어찌할 수 없는 일이오. 디오게네스 라에르티우스도[4], 테오도로스 가자, 아르기로폴로스, 벳사리온, 폴리티아노, 뷔데, 라스카리스, 또 현명한 미친 악마들 모두가 다

---

1 "dites vous Entelechie, ou Endelechie?" t와 d의 차이에 불과함. endelechie는 '개체에 있어서의 특속(特續)'의 뜻으로 entelechie와의 실질적 차이는 미묘하다. 고대로부터 두 낱말의 구별에 관해서는 상당한 의논(議論)이 있었고 16세기에도 마찬가지였다. 본말을 전도(顚倒)한 학문에 대한 풍자이다.

2 중세 말부터 16세기에 왕실근위병 사수들로 스코틀랜드인들이 많이 고용되었는데, 라블레는 스코틀랜드인들의 거만한 태도를 야유한다.

3 키케로가 정치가로서 권력을 잃은 만년(기원전 45년)에 『투스쿨룸 대화』 1권에서 죽음의 문제를 다루는 가운데 앙텔레시(Entelechie)를 언급하였다.

4 이하 앙텔레시에 대해 언급한 학자들.

그렇소. 이들의 수는 대단한 것은 아니라고는 하지만, 최근 스칼리게르[1], 비고[2], 샹브리에[3], 프랑수아 플뢰리[4], 그리고 어디서 온 누군지도 모르는 젊은 고행자 녀석들이 증가하지 않았을 때의 이야기이오. 녀석들은 악성 인후염에 걸려 목구멍이 오물로 차 버려야 되오! 우린 그놈들을 ......"

"젠장! 이 녀석들은 악마에게 아첨하고 있네요." 파뉘르쥬가 잇새로 말했다.

"당신들은 녀석들의 광기를 거들기 위해서 여기에 온 것도 아니고, 그런 대리 위임장을 소지하고 있지도 않소. 그러니 그 녀석들 이야기는 이것으로 끝내시오. 아리스토텔레스[5]는 모든 철학의 제일인자이며, 그 모범이며 우리 여왕의 대부이오. 여왕님에게 앙텔레시라는 이름을 붙였는데 매우 잘 적절하게 붙였던 것이오. 다른 이름으로 부르는 녀석은 경멸할 것이오! 그런 자는 엄청난 잘못을 하고 있는 것이오. 여러분께서 정말 잘 오셨소."

그들은 우리를 껴안았다. 우리도 기뻐했다. 파뉘르쥬가 내 귀에다 속삭였다.

"이보게, 처음 만났을 때 무섭지 않았나?"

"조금은 무서웠네." 내가 대답했다.

---

1 율리우스 카에사르 스칼리게르는 이탈리아 인문학자이며 의사로, 에라스무스를 공격한 바 있었고 라블레와도 그다지 의(誼)가 좋지 않았다.

2 기욤 드 랑제에게 헌사한 철학 작품을 남겼다.

3 키케로의 『투스쿨름』에 주해를 달았고 앙텔레시에 대하여 언급하였다.

4 1537년 라틴어 옹호하는 글을 썼다.

5 『정신론』(II, 1)에 '앙텔레시'론이 포함되어 있다.

"난 말이야. (파뉘르쥬가 말했다) 옛날에 길르앗 사람이 쉽볼렛이라고 말하는 것을 십볼렛이라고 말했기 때문에[1], 길르앗 사람에게 죽거나 익사한 에브라임의 병사들보다 더 겁을 먹었네. 그리고 입을 다물게 하기 위해 보스 사람이였다면, 누구나 내 똥구멍을 한 짐수레 분량의 건초로 막아버렸을 것이네."

그리고 대장은 조용히 장중한 의례에 따라 우리를 여왕의 궁전으로 데리고 갔다. 팡타그뤼엘은 대장에게 무슨 말을 하려고 했다. 그러나 대장은 팡타그뤼엘의 키의 높이까지 닿지 않기 때문에 사다리나 큰 삼각대가 필요하다고 했다. 그리고 말했다.

"흥! 됐습니다! 우리 여왕님의 원이시라면 우리도 당신들만큼 커 보이지요. 여왕님의 뜻대로 언제나 말입니다."

첫 번째 회랑에서는 병자 무리들이 서로 떠들고 있는데, 병의 종류에 따라 여러 가지 모양으로 앉아 있었다. 문둥병 환자는 좀 떨어진 저기에, 중독 환자는 옆에, 페스트 환자는 다른 곳에, 매독 환자는 첫 번째 줄, 이런 식으로 다른 병자들도 다들 자리를 잡고 있었다.

---

1 구약성경 「사사기」 12장 1-7절에 나오는 것으로, 에브라임 사람들은 쉽볼렛을 십볼렛이라고 발음하여 적이라는 것이 드러나 4만 2천명이 처살 당했다.

제 19 장 캥트 에상스의 여왕이 노래로 병자들을 고친 일

제 2의 회랑에서 대장이 우리에게 가리킨 것은 한 젊고 (적어도 1천 8백세였지만) 아름답고 우아하고 호사한 의상을 입은 귀부인이었는데, 그녀는 여관女官과 귀족들 가운데 앉아 있었다. 대장이 우리에게 말했다.

"지금은 여왕님께 말씀을 드릴 때가 아니니 여왕님이 하시는 일을 주의 깊게 보기만 하십시오. 여러분 왕국에서는 연주창이나 간질이나 간헐열 등, 여러 가지 병을 손을 댐으로써 환상적으로 고칠 수 있는 왕이 여러 명 계실 것입니다. 우리 여왕님은 손도 대지 않고 병에 맞는 노래를 연주하게 하여 모든 질병을 고치십니다."

그리고 우리에게 연주를 하면 놀랍게 치료가 되는 파이프 오르간을 보여주었다. 그것은 매우 기묘한 것이었다. 관은 계수나무 막대기이고, 몸통은 유창목이고, 키는 대황이고, 페달은 하제 선화초, 건반은 하제 스카모니아로 되어 있었다.

우리가 이 멋진 새로운 구조의 파이프 오르간을 보고 있는 동안, 압스트락퇴르[1] 역, 스포디자퇴르[2] 역, 마씨태르[3] 역, 프레귀스트[4] 역,

---

1 공상가, 추출자의 뜻을 갖고 있다.

2 금속 조각가의 뜻을 갖고 있다.

3 빵 반죽하는 일꾼의 뜻을 갖고 있다.

4 화폐검사관 혹은 가봉원(假縫員)의 뜻을 갖고 있다.

타바생[1] 역, 샤샤냉 역, 네에마냉 역, 라브르방 역, 네레앵 역, 로쥐앵 역, 네디뱅 역, 네아랭 역, 세가미옹 역, 페라종 역, 셰시냉 역, 사랭 역, 소트랭 역, 아보트 역, 에닐랭 역, 아르샤스다르프냉 역, 메뱅 역, 지보랭 역, 그 밖의 관리들에 의해서 문둥병 환자들이 들어왔다. 여왕이 내가 어떤 노래인지 알지 못하는 노래를 불렀다. 그러자 순식간에 그들은 완쾌되었다. 다음에는 중독 환자들이 나타났다. 여왕이 다른 노래를 부르자, 모두 일어섰다. 다음에는 맹인, 벙어리, 귀머거리가 똑같은 치료를 받았다. 우리는 당연한 일이지만, 몹시 놀라 땅에 엎드려 넋 잃은 인간처럼 절을 하고, 직접 본 여왕의 힘에 의한 많은 공덕을 찬양하고, 끝임 없이 그녀를 바라보며 황홀해했다. 그리고 우리는 한 마디도 말할 힘이 없었다. 우리가 땅에 엎드려 있자, 여왕은 손에 들고 있던 백장미의 꽃다발을 팡타그뤼엘의 몸에 대어 우리를 정신 차리게 하고 일어설 수 있게 했다. 그리고 나서 여왕은 우리에게 다음과 같이 말했는데, 그 말은 파리시티스가 그의 아들 시루스[2]에게 말해 주고 싶어 했던, 섬세한 아마亞麻 같은 혹은 적어도 진홍빛의 타프타 같은 목소리였다.

"여러분의 주의 사방에 해같이 빛나는 정직함을 통해서 여러분의 정신의 중심에 간직된 미덕을 난 확고하게 보았습니다. 또한 여러분의 존경에 대한 꿀처럼 달콤한 각별한 언변을 봄으로써, 여러분의 마음 속에는 어떠한 악덕도 깃들여 있지 않으며, 고귀하고 폭 넓은 지능이 사라진 불모성에 아랑곳하지도 않고, 여러 이국의 희귀한 식견에 넘쳐 있음을 쉽사리 알 수 있습니다. 이런 식견은 현재 무지한 인간의 평

---

1 이하 모두 헤브라이어(히브리어)를 혼합하여 만든 말.

2 시루스(기원전 85년-기원전 43년)는 고대 로마의 작가이자 풍자시인이다.

범한 생활 속에서 바라기는 쉬우나 얻기는 어렵습니다. 그렇기 때문에 사정私情을 억눌러온 짐朕도 이젠 세상의 저속한 말을 여러분에게 말하지 않으려 해도 말하지 않을 수 없게 되었던 것입니다. 여러분 잘 오셨습니다. 정말 잘 오셨습니다."

"난 학자가 아니니까 누가 나 대신 대답해 주시죠." 파뉘르쥬가 나에게 은밀히 말했다.

그러나 나도 팡타그뤼엘도 대답하지 않았고 우리 모두는 가만히 있었다.

그러자 여왕이 말했다.

"여러분은 아주 먼 옛날 우리의 선대 황조皇朝들께서 계속 번영하시고, 그 계보가 피타고라스학파 출신일 뿐 아니라, 고매한 천리의 유명한 근원인 이집트에 있어서 여러분은 지나간 몇 달 동안 손톱을 깨물고, 손가락으로 머리를 긁었다는 것을 난 여러분의 침묵에서 보았습니다. 피타고라스학파에 있어서 침묵은 지식의 상징이고, 이집트인 사이에서는 침묵은 신을 찬양하는 것으로 인정되어, 대사제들은 히에로폴리스에서 묵묵히 소리 하나 내지 않고, 어떤 말소리도 내지 않고 신에게 희생물을 바쳤던 것입니다. 난 여러분에게 충분히 감사하고 싶습니다. 하지만 질료가 나에게서 추출되기를 원한다고 하여도 명백한 형상에 따라서 나의 생각을 여러분에게 전하기를 바랍니다."

이어 여왕이 그의 관리들에게 말했다.

"타바생 역들, 파나세를!"

이 말을 듣고 타바생 역들은 여왕과 함께 식사를 못해도 이해해 달라고 우리에게 말했다. 여왕은 그 식사에 있어서 몇 개의 범주, 사고,

진리, 심상, 추상, 개념, 몽상, 추상개념, 광기, 대립명제, 윤회, 선험적 예변豫辨[1]을 제외하고는 아무 것도 먹지 않았기 때문이다.

이어 우리는 경종으로 가득히 장식된 작은 방으로 안내되었다. 거기서 우리가 어떻게 대접을 받았는지는 주만이 아실 수 있다. 유피테르는 칸디아 섬에서 그 젖으로 자기를 길러준 암염소의 유피鞣皮[2], — 대신은 이 가죽을 방패로 사용하여 거인족을 물리쳐 방패 잡이라는 별명이 붙게 되었지만, — 에 이 세상 사람들의 생활을 전부 기록했다고 전해지고 있다. 맹세코 나의 친애하는 술꾼 여러분, 우리 앞에 차려놓은 맛있는 고기와 요리와 우리가 받은 앙트르메와 맛있는 음식은 18매의 암염소 가죽 위에 작은 글자로, 게다가 키케로가 호두 껍데기 속에 들어갈 정도로 작은, 호메로스의『일리아드』를 보았다는 그 잔 글씨로, 써도 다 쓸 수는 없을 것이다. 나도 이를테면 백 개의 혀, 백 개의 입, 강철의 소리와 꿀처럼 달콤한 플라톤의 능변으로서도, 책 4권 모두에 천분의 1만큼도 적을 수가 없었다. 그리고 팡타그뤼엘이 나에게 말했다.

"나의 상상으로는 여왕이 타바생 역들에게 '만병통치약을!' 이라고 했는데, 이건 지상의 음식을 상징하는 그들의 말이고, 루쿨루스[3]가 키

1 헤브라이어와 스콜라철학 용어를 나열한 것으로 여왕의 식사내용이다.

2 그리스 로마신화에 의하면 유피테르는 어렸을 때 칸디아(크레타) 섬의 이데 산에서 암산양의 젖으로 자랐다고 한다. 유피테르는 이 암산양의 가죽으로 아이기스(Aigis)라고 하는 무기(방패)를 만들어 그 힘으로 폭풍을 일으켜 사람들에게 공포심을 갖게 하였다.

3 키케로와 같은 동시대의 로마 정치가로 만년에 키케로의 별장이 있는 투스쿨룸에 은퇴하여 사치 생활을 하였다.

케로[1]와 호르텐시우스[2]가 여러 차례 그렇게 한 것처럼, 돌연히 방문해도 자기 친구들을 특별히 접대하고 싶을 때에는 '아폴론[3]의 방에서'라고 말한 것과 같네."

1 로마의 학자, 작가, 정치가.

2 키케로의 친구이자 경쟁자였던 웅변가.

3 그리스의 신화에 나오는 태양의 신이자 치유와 예언, 쾌락을 위한 음악과 시를 창조하는 신.

제20장 여왕이 저녁식사 후 시간을 보낸 일

저녁식사가 끝나고 우리는 한 샤샤냉[1] 역의 안내로 여왕의 방에 갔는데, 그의 관습에 따라 식후 여왕은 하녀들과 왕궁의 귀족들에게 시종 받으며, 희고 파란 비단으로 된 크고 멋진 체로 시간을 치거나, 체질하거나, 체로 치거나, 여과하거나, 거르거나 하고 있는 것을 보았다. 그 다음에 옛날 관습에 따라 그들 모두가 다음과 같은 춤을 추는 것을 보았다.

코르다스[2],	마라브리슴,
에믈리,	몰로씩끄,
시시니,	세르노포르,
이앙뷔끄,	몽가,
페르식끄,	떼르망스트리,
피리지,	프로뤼르,
니카티슴,	피릭끄,
테라시,	그 밖의 여러 종류의 춤

1 헤브라이어(히브리어)로 현인의 뜻을 갖고 있다.

2 이하 모두 고대에 유행한 춤으로 그리스어나 라틴어 철자로 표기되고 있다.

그리고 나서 여왕의 명령에 따라 우리는 왕궁을 구경하고 매우 놀라고 진기한 것을 보았는데, 나는 지금도 그것을 생각하면 몹시 기쁘다. 압스트락퇴르 역, 페라종 역, 네디뱅 역, 스포디자퇴르 역, 그 밖의 왕실 귀족들의 활약만큼 우리의 마음을 움직이고 감탄시킨 것은 전혀 없었다. 그들의 솔직하고 숨김없는 말에 의하면, 여왕은 모든 불가능한 일을 하고 치료불가능한 자만을 치료하며, 그들 관리들은 그 밖의 다른 일을 하고, 그 이외의 사람을 치료한다는 것이었다.

바로 그때 한 젊은 페라종 역이 매독환자, 그것도 여러분이 루앙[1]의 매독환자들을 나막신 짝으로 치아 모양을 한 척추 뼈를 세 번 손댐으로써 고친 것을 나는 보았다.

다른 관리가 고창병 환자나 복수병 환자나 백혈부종병 환자 같은 수종병 환자를 완치하는 것을 보았는데, 그것도 테네스의 도끼[2]를 쉬지 않고 아홉 번 환자의 배 위를 내려치는 일뿐이었다.

또 한 명의 다른 관리는 환자의 허리띠 왼쪽에 여우의 꼬리를 하나 매다는 것만으로 그 자리에서 모든 열병을 고쳤다.

한 관리가 치통을 치료했지만 아픈 이의 잇몸을 세 번 딱총나무의 식초로 닦고 씻고 30분 정도 햇빛에 말리는 것뿐이었다.

또 한 사람은 뜨거운 열에 의해서든지, 차가운 냉각에 의한 것이든지, 또 만성이든지, 우발적 급성의 것이든지, 모든 종류의 중풍을 치료

1 프랑스 북부 오트 노르망디의 중심지이자 센마리팀 주의 주청 소재지이다. 파리 북서쪽으로 약 100km 떨어진 센 강 하구에 위치하고 있다.

2 트로이 근처 섬을 지배한 테네스는 도끼를 가진 무사를 재판관 뒤에 세우고 사기나 불륜의 죄가 명백한 자를 쳐서 죽였다.

했는데, 그것은 다만 환자에게 입을 다물게 하고 두 눈만 뜬 상태로 치료한 것이었다.

다른 한 사람이 잠깐 동안에 성 프란체스코 병에서 아홉 명의 선량한 귀족을 치료하는 것을 보았는데, 모든 빚을 없애주고, 그들 각자의 목에 밧줄을 걸고, 거기에 1만매의 태양금화를 가득 담은 상자를 매달았다.

다른 자는 놀라운 기계를 써서 창문으로 집 여래 채를 내던졌는데, 그 집들은 더러워진 공기로부터 깨끗하게 되었다.

또 다른 자가 영양실조증, 위축증, 쇠약증 등, 세 종류의 소모열을 다 치료했으나 약탕욕도 하지 않고, 타비아 우유[1]도 쓰지 않고, 고약이나 연고, 그 밖의 약도 쓰지 않고 다만 3개월 동안 수도사로 있었을 뿐이었다. 그가 나에게 단언한 것은 환자들이 수도원 생활에서 살이 찌지 않을 경우에는, 어떤 인위적이든지, 어떤 타고난 체질이든지간에 살찔 가능성은 결코 없다는 것이었다.

또 어떤 자는 두 무리로 갈라진 여러 명의 여인들을 이끌고 있는 것처럼 보였는데, 그 한 무리는 젊고 귀엽고 금발에 매력적이고, 선의의 아가씨들이고, 또 한 다른 무리는 이가 다 빠진, 눈곱이 끼고, 주름살투성이고, 피부가 햇볕에 그을려 검고, 송장과 같은 노파들이었다. 그때 (팡타그뤼엘이 말했다) 이 관리가 이 노파들을 다시 주조하여 젊게 만드는데, 결국 그의 기술에 의해서 저기 있던 아가씨들처럼 만들고, 이 아가씨들도 오늘 다시 막 주조하여 15살이나 16살과 같은 아름다

1 이탈리아 캄파니아 지방의 타비아 우유는 품질이 좋아 갈레노스는 이 마을로 폐병 환자를 요양 보냈다.

움과 몸매, 우아함, 손발의 크기를 다 원래대로 되돌려주었으나, 발꿈치만이 소년기 때보다 훨씬 짧기 때문에, 나중에 남자를 만나면 너무 쉽게 벌러덩 나자빠지겠다는 것이었다.

노파들의 무리는 매우 경건한 태도로 다른 무리들을 기다리며, 그들에게 성가시게 간청하며, '선의의 엉덩이를 가지 않은 것처럼 세상에서 참을 수 없는 일은 없다'고 주장하는 것이었다. 따라서 이 관리는 그 시술을 받는 손님이 계속 늘어나서 평소보다 돈을 더 많이 벌었다. 팡타그뤼엘은 같은 방법으로 늙은 남자도 젊게 만든 일이 있느냐고 물었다. 그런 일은 없었다고 대답했는데, 그처럼 다시 젊어지는 방법은 주조된 여성과 동서同棲하는데 있다는 것이었다. 그렇게 하면 그리스어의 '오피아시스', 즉 대머리라고 불리는 다섯 번째 종류의 매독에 걸리는데, 이 병 때문에 뱀이 해마다 그러는 것처럼, 털과 살가죽이 새로워져 아라비아의 불사조처럼, 노인들에게도 새로운 청춘이 재래하는 것이었다. 바로 이것이 회춘의 샘이라고 하는 것이었다. 이렇게 하면 늙은 사람도 당장에 젊어지고 쾌활하고 생기발랄하지만, 이것은 저 에우리피데스[1]가 이올라오스의 신상에 일어났다고 말하는 것, 또한 베누스의 혜택으로 삼포[2]에게 사랑받은 미남 파온의 신상에 일어난 일, 아우로라[3]의

1 고대 그리스 3대 비극시인 가운데 한 사람으로 그가 쓴 18편의 비극이 남아 전해지고 있다.

2 그리스 로마신화에 의하면 파온은 처음 미티레네의 노소공(老少工)이었으나 베누스 여신의 힘으로 미청년(美青年)이 되어 삽포의 사랑을 받았다.

3 그리스 로마신화에 의하면 새벽의 여신 아우로라는 트로이인 티토노스를 사랑하여 그의 영생을 유피테르에게 애원하여 허락을 받았으나, '영원한 젊음'을 잊고 요청하지 않았기 때문에 그가 노쇠하여 소리만의 존재가 되었다. 이것을 딱하게 여긴 아우로라는 그를 매미로 만들었다.

힘에 의해서 티토노스의 신상에 일어난 일, 메데이아[1]의 술책에 의해서 아이손의 신상에 일어난 일, 또한 페레키데스[2]와 시모니데스[3]의 증언에 있는 것처럼, 메데이아에게 붙들려 다시 젊어진 야손의 신상에 일어난 일[4], 또한 아에스킬로스[5]가 선량한 바쿠스의 유모들과 그 남편들에게 일어났다고 말하고 있는 일들과 같은 것이었다.

---

1 그리스 로마신화에 의하면 메데이아는 코르키스와아의 딸로 자기 남편 아이손의 아버지 야손을 마법으로 젊게 만들었다.

2 기원전 6세기경 그리스 역사가이자 피타고라스의 스승.

3 기원전 6세기경 에게 해의 섬 케오스 출신의 서정시인이자 경구작가.

4 그리스 신화의 등장인물 메데이아는 남편 야손에 대한 사랑 때문에 부친의 뜻을 거스르면서 자신의 남동생 압시르토스를 제거한다. 그리고 남편 야손이 자신을 배신하고 크레온의 딸 그라우케를 부인으로 삼으려 하자, 연적인 그녀와 그녀의 부친을 불태워 죽이고, 결국에는 남편에게 복수하기 위해 자신의 두 아들마저 살해하는 악녀로 묘사된다.

5 소포클레스, 에우리피데스와 더불어 고대 그리스 3대 비극시인 중의 한 사람.

제21장 캥트 에상스 여왕의 관리들이 여러 가지 일을 한 것과, 여왕이 우리를 압스트락퇴르 역役으로서 붙들어둔 일

그 이후 나는 그 많은 관리들이 바구니 밑으로 배만 문질러서 잠깐 사이에 에티오피아 사람들을 하얗게 만드는 것을 보았다.

다른 사람들은 멍에 하나에 세 쌍의 여우를 매고 강의 모래밭을 경작하며 씨가 죽지 않도록 하고 있었다.

다른 사람들은 기와벽돌을 씻어서 색깔을 빼고 있었다.

다른 사람들은 여러분이 속돌이라고 하는 부석浮石에서 물을 짜내, 그 물을 오랫동안 대리석 절구에 갈아 다른 물질로 만들고 있었다.

다른 사람들은 당나귀의 털을 잘라 최고급 양털을 찾고 있었다.

다른 사람들은 가시나무에서 포도를, 엉겅퀴에서 무화과를 따고 있었다.[1]

다른 사람들은 염소에서 젖을 짜, 가계를 위해 밖으로 새 나가지 않게 하였다.

다른 사람들은 당나귀의 머리를 씻고, 그 씻은 물을 버리지 않았다.

---

1 신약성경 「마태복음」 7장 16절에 의거한다. '그들의 열매로 그들을 알지니 가시나무에서 포도를, 또는 엉겅퀴에서 무화과를 따겠느냐.'

다른 사람들은 그물로 바람을 쫓고 큰 가재를 잡았다.

나는 한 젊은 스포디자퇴르 역이 술책을 써서 죽은 당나귀에게 방귀를 뀌게 하여, 그것을 1온 5솔로 팔고 있는 것을 보았다.

또 한 사람은 사상을 썩히고 있었다. 오, 멋진 식사로다!

그러나 파뉘르쥬는 한 아르샤스다르프냉 역이 말똥에다 큰 양조통 하나 가득히 사람의 오줌을 부어, 여기에 그리스도교의 똥을 잔뜩 섞어서 썩히고 있는 것을 보고는 역겨워서 토하고 말았다.

"젠장, 더러운 놈!"

그러자 그가 우리에게 말했다.

"여기에서 증류한 성수는 여러 왕들과 왕족들이 마시는 것이고, 그 덕분에 이분들의 생명이 1트와즈[1]나 2트와즈[2] 연장되는 것입니다."

다른 사람들은 순대를 무릎으로 부러뜨리고 있었다.

다른 사람들은 뱀장어 껍질을 꼬리부터 벗겨서, 그것이 믈랭의 뱀장어처럼 껍질이 벗겨지기 전에 소리치지 못하게 하고 있었다.

다른 사람들은 허무로써 큰일을 만들고 큰일을 허무로 돌렸다.

다른 사람들은 칼로 불꽃을 자르고 그물로 물을 퍼냈다.

다른 사람들은 방광으로 등을 만들거나 구름으로 청동 솥을 만들고 있었다.

우리는 12명 정도의 다른 사람들이 나무그늘에서 술잔치를 벌이고, 시원하고 맛있는 네 종류의 포도주를 아름답고 넓은 둥근 잔으로, 모든 사람들 또는 그 밖의 모든 사람을 위하여 건강을 기원하며 마시는

1 약 2미터.

2 약 4미터.

것을 보았는데, 일동은 이곳의 관습에 따라 순풍을 축원하며, 한잔하면서 시간을 보내며, 옛날에 이와 같이 해서 헤라클레스[1]는 아틀라스[2]와 함께 시간을 보냈다고 우리에게 말했다.

다른 사람들은 필요로 미덕을 만들고 있는데, 내가 보기에 이것은 멋지고 잘된 일 같았다.

다른 사람들은 이빨로 연금술을 썼는데, 그러기에는 요강은 좀처럼 가득 차지 않았다.

다른 사람들은 평지에서 벼룩이 튀는 것을 열심히 조사하고 있는데, 이런 행위는 여러 왕국을 통치하거나 전쟁을 지휘하기 위해서, 또한 여러 나라를 관리하기 위해서도 필요한 것이며, 이에 대한 증거로 소크라테스[3]가 있지만, 그는 철리를 천계에서 끌어내어 지상으로 가져와, 과거에 쓸모없었던 것을 유용하고 유익하게 만들어준 최초의 철인이고, 제5원소자元素者 아리스토파네스[4]가 주장한 것처럼, 그 분은 그 연구의 절반을 벼룩이 튀는 것을 측정하는데 사용했다고 한다.

나는 두 명의 지보랭 역이 따로 떨어져 탑 위에서 보초를 서고 있는 것을 보았는데, 늑대들로부터 달을 지키기 위해서라는 것이었다.

나는 정원 구석에서 네 사람이 서로 머리채를 잡아낚을 듯이 격렬

---

1 그리스 신화에 나오는 영웅.

2 티탄족 이아페토스와 님프 클리메네의 아들이자 프로메테우스의 형제이다. 호메로스의 작품에서 아틀라스는 하늘과 땅 사이를 받치는 기둥을 버티고 있는 존재로 나온다.

3 고대 그리스의 철학자로 기원전 469년 아테네에서 태어나 일생을 철학의 제 문제에 관한 토론으로 일관한 서양 철학의 위대한 인물로 평가받고 있다.

4 고대 그리스의 아테네의 희극작가이다. 이 작가의 출생과 사망 년도에 관한 서류상의 기록은 오늘날 남아있지 않다.

하게 토론하는 것을 보았다. 무슨 논쟁을 하느냐고 묻자, 이렇게 대답했다. 즉 세 가지 고매하고 형이상학적인 명제에 대해 토론을 시작한지 이미 나흘이 지났으며, 이 명제를 푼 자에게는 황금의 산을 주겠다고 약속했다는 것이다. 첫째 명제는 큰 불알의 당나귀 그림자란 무엇인가 하는 것이었다. 또 다른 하나는 등의 연기란 무엇인가 하는 것이며, 셋째는 염소의 털은 과연 양피인가 아닌가 하는 문제였다. 그리고 그는 우리에게 말했다. 즉, 방식, 형식, 도형, 시제에 있어서 진실한 두 개의 모순명제가 존재해도 이상하지 않다고 했다. 이렇게 되면 파리의 궤변학자들[1]도 오히려 이것을 인정하기보다 그리스도 세례를 폐지할 수밖에 없다는 것이다.

우리가 이들의 멋진 일을 신기하게 바라보고 있을 때, 여왕과 그의 고귀한 신하들이 갑자기 다가왔는데, 벌써 헤스페리스의 별이 빛나고 있었다. 여왕이 다가오자 우리는 다시금 마음이 흔들려 눈이 흐려졌다. 곧바로 우리의 공포를 알아본 여왕이 말했다.

"인간의 사고가 경탄의 심연에 빠져 혼미하게 되는 것은 장인의 현명한 기술을 쓴다면, 본래의 원인에서 기인하는 것이 명백한 것처럼, 어떤 결과의 절대성이 아니라, 명확한 판단이 성실한 연구와 연결되지 않기 때문에 작업의 용이함을 예견할 수 없어, 몸소 체험하는 실험의 새로움으로 인해서 사고가 혼미하게 되는 것입니다. 그러니 정신을 차리시기 바랍니다. 또 나의 신하에 의해서 이루어진 것을 보고, 무슨 공포심에 사로잡혔다면 거기서 벗어나십시오. 나의 궁전에 있는 모든 것

1 라블레는 신학자, 특히 파리 대학 신학부의 신학박사들을 소피스트(궤변학자)로 지칭한다.

을 자유의지로 보고 듣고 생각하여, 차츰 무지의 굴레로부터 벗어나십시오. 이것이 바로 나의 뜻입니다. 이 뜻을 진심으로 여러분에게 전하기 위해 여러분이 마음속에 품은 탐구정신을 심히 고려하여, 이제 나는 여러분을 나의 압스트락퇴르 역 관리의 신분으로 고용하겠습니다. 나의 제 1요리사 제버[1]가 여러분이 이곳을 나갈 때 여러분의 이름을 기록할 것입니다."

우리는 그 일에 대해서 아무 말 없이 공손한 마음으로 감사를 드리고, 여왕이 우리에게 부여한 훌륭한 관직을 받아들였다.

1 8세기 스페인 세빌리아 태생의 아라비아 연금술사.

제 22 장 여왕에게 저녁식사가 제공되었고, 여왕이 식사를 한 일

이렇게 말하고 나서 여왕은 그의 신하인 귀족들을 향해 등을 돌려 말했다.

"상부 하부를 가리지 않고 모든 사지에 영양을 보급하기 위한 일반 사절인 위의 입은, 본래의 습기 속에 자연의 열기가 끊임없이 작용하여, 결여되었던 적절한 음식의 공출에 의해서 사지의 영양을 회복하라고 우릴 성가시게 독촉합니다. 스포디자퇴르 역, 세시냉 역, 네맹 역 또 페라종 역들이여, 온갖 식탁이 신속하게 차려지지 못하고, 모든 정당한 종류의 자양물로 넘치지 못하는 것 때문에, 여러분이 비난을 받는 일이 없도록 하십시오. 또한 여러분, 나의 친절한 마씨태르 역을 동반한 품위 있는 프레귀스트 역들이여, 열정과 여러분의 정성과 부지런함을 안 이상은 여러분의 일에 대해서 혼란을 가져오는 일 없이 항상 방심하지 말라고, 내가 명령을 내릴 필요는 없을 것입니다. 다만 자기가 할 일은 열심히 하십시오."

이어서 여왕은 그의 몇 시녀들과 함께 잠시 별실로 물러갔다. 그것은 목욕을 하기 위한 것으로 고대인의 관습을 따른 것이고, 이런 관습은 현재 우리가 식사하기 전에 손을 씻는 것처럼 일반적인 것이었다.

식탁이 재빠르게 준비되고 매우 귀중한 상보로 덮어졌다. 요리가 나오는 순서도 정해져 있는데, 여왕은 신들의 양식을 제외하고는 아무것도 먹지 않고, 신성한 신주를 제외하고는 아무것도 마시지 않았다. 그러나 우리는 그 궁정의 귀족과 귀부인들과 함께 있었지만, 압피시우스[1]가 예전에 꿈을 꾼 것처럼 귀하고 맛좋고 귀한 음식이 나왔다.

식사가 끝나갈 쯤에 배고픈 사람이 있을 경우에 대비해 음식을 담은 단지 하나를 가지고 왔다. 그 단지의 크기도 넓이도 피티우스 비티누스가 다리우스 왕에게 준 황금의 플라타너스 나무그늘에도 들어갈 수 없을 정도였다. 이 음식을 담는 단지에는 다양한 종류의 포타주 스프나 샐러드, 프리카세 잡탕, 스튜, 새끼 염소구이, 쇠고기 구이, 삶은 고기, 숯불고기, 크게 썬 소금에 절인 쇠고기, 고명 얹힌 햄, 신성하리만큼 절인 고기, 과자, 타르트, 산만큼의 무어 식 쿠스쿠스, 치즈, 연유, 젤리, 그리고 모든 종류의 과일이 가득 들어 있었다. 모든 것이 보기에 좋았고 맛있어 보였다. 하지만 나는 배불리 먹고 신물이 나서 먹지 않았다. 다만 여러분에게 알려드려야 할 것은 꽤 진귀한 파테 요리를 본 것인데, 이것은 단지에다 구운 고기요리였다. 이 단지 밑에는 누구든지 놀고 싶은 사람들을 위해서 많은 주사위, 카드, 타로, 에스파냐 카드, 장기용 놀이기구들이 가득 찬 태양금화와 함께 있었다.

끝으로 나는 밖에 나가서 놀고 싶은 분들을 위해서 벨벳 안장에 멋진 말 장식을 한 노새와, 남자나 여자들에게도 맞는 똑같은 차림을 한 암말이 수없이 많고, 또한 같은 벨벳 장식을 한 많은 수의 가마와 페

---

1 아우구스투스제 치하의 로마 식도락가로 식대가 25만 프랑밖에 남지 않았다고 절망하여 자살하였다.

라라 식 호화로운 사륜포장마차가 즐비하게 많이 있는 것을 보았다.

나는 그것이 별로 이상하다고 생각하지 않았지만 여왕의 식사는 매우 참신하다고 생각했다. 여왕은 전혀 씹지도 않았는데, 그 이유는 단단하고 좋은 이가 없어서가 아니고, 그 음식물을 씹을 필요가 없기 때문도 아니고, 그것이 여왕의 관습이고 습관이었다. 프레귀스트 역들에게 독이 들어있는지 검사를 마친 음식을 마씨태르 역들이 받아서 여왕을 위해 씹어 받치는데, 그들은 조그만 금도랑 장식이나 금실장식이 붙은 붉은 비단으로 안을 댄 목구멍과 아름답고 흰 상아의 이를 가지고 있었다. 그들이 이것을 사용하여 충분히 음식물을 씹으면 순금 깔때기로 여왕의 위 속까지 그것을 넣는 것이었다. 이와 같은 이유로 여왕은 대리인의 도움을 받지 않고서는 변을 보지 않는다는 말을 우리는 전해 들었다.

제23장 캥트 에상스 여왕의 어전에서 경기하는 방식으로 즐거운 무도회가 벌어진 일

저녁식사가 끝나자 여왕의 어전에서 시합과 같은 방식으로 하는 무도회가 벌어졌는데, 이것은 구경할 만한 가치가 있을 뿐만 아니라 영원히 기억해 둘만 했다. 이 무도회가 열리는 홀의 바닥은 포석으로 되어 있고 장기판 모양으로 만들어진 벨벳 융단으로 덮여 있었다. 이 융단은 흰색, 황색 반반의 격자무늬 모양에 각각의 격자는 그 폭이 3팔름[1]이고 어느 것이나 정방형이었다. 이 홀로 32명이 입장했는데, 그 중 16명은 금나사의 옷을 입고 있었다. 즉, 고대인이 디아나 여신과 함께 그린 것과 같은 8명의 젊은 님프와 한 명의 왕과 한 명의 여왕, 두 성지기, 두 기사, 두 사수였다. 이와 같은 순서로 다른 16명은 은나사의 옷을 입고 있었다. 이들은 카펫 위에 다음과 같이 늘어섰다. 왕들은 맨 끝줄의 네 번째 격자에, 즉 황금왕은 흰 격자에, 백은왕은 노란 격자에 섰다. 여왕들은 그 왕들의 곁, 즉 황금여왕은 노란 격자에, 백은여왕은 흰 격자에 섰다. 두 사수는 왕과 여왕을 경호하듯이 따로따로 옆에 섰다. 사수들의 옆에는 두 기사가, 기사들의 옆에는 두 성지기가 있었다. 그들의 바로 앞줄에는 8명의 님프가 늘어섰다. 두 번째 열의 님프들

1 고대 로마의 척도단위로 약 60센티미터.

사이는 네 번째 열의 격자만이 비어 있었다.

각 조에는 자기편의 악사들이 붙어 있었으나, 이쪽 조의 사람은 오렌지색의 무늬비단, 저쪽 조는 흰 무늬비단이라는 식으로 같은 제복을 입고 있었다. 각자 자기 쪽에 8명씩 즐거운 착상으로 만들어진 여러 가지 악기를 가지고 있었다. 이들은 음악에 따라 전체로서 매우 소리도 잘 맞고 놀랄만한 가락을 연주했으며, 음색, 템포, 박자는 무도의 진행에 필요한대로 변해 갔다. 나는 여기에 감탄하지 않을 수 없었는데, 무도의 스텝, 모로 걷기, 도약, 비약, 귀환, 도피, 매복, 후퇴, 속보의 종류의 수가 많기 때문이었다.

게다가 인간의 이해를 초월한 것 같은 느낌을 준 것은 무도를 하고 있는 인물들이 전진이나 후퇴를 나타내는 음악소리를 듣자마자, 악곡이 음색을 분명히 나타내기 전에 다양한 스텝의 움직임을 보이며 지시된 장소로 옮기는 것이었다. 그러나 제 1열에서 싸움의 태세를 갖춘 듯한 님프들은 적군을 향해서 하나의 격자에서 다른 격자로 전진하는데, 최초의 동작만은 예외로 자유롭게 격자를 둘 진행할 수 있었다. 단지 님프들만 결코 물러갈 수 없게 되어 있었다. 그 님프들 중 하나가 적왕의 선까지 나아가면 자기편 왕의 여왕 자리에 앉고, 그 다음에는 여왕과 같은 특권을 부여받아 적을 붙잡고 움직일 수 있게 되어 있었다. 그렇지 않을 때는 오로지 대각선을 따라 사행하여 전진하지 않는 한 적군을 공격할 수 없었다. 그러나 적을 잡은 경우 자기편 왕이 무방비 상태로 생포되게 될 경우에는 님프들이건 다른 사람들이건 적을 잡을 수가 없었다.

왕은 사방으로 전진하여 적군을 잡는데, 흰 격자에서 이웃의 노란 격자로 또는 그 역으로밖에 움직일 수가 없었다. 단지 맨 처음 움직일 때, 자기가 있는 선에 성지기 이외의 다른 가신들이 없을 때는 성지기는 왕을 왕궁 그 자리에 머물게 하고 그 곁에 갈 수가 있었다.

여왕은 다른 사람들보다 훨씬 더 자유롭게 움직이면서 적군을 잡는다. 모든 곳, 모든 방법, 모든 방식으로 움직일 수 있고, 그 장소를 자기편이 차지하지 않는 한, 가능한 한 더 멀리 똑바로 전진할 수도 있고, 자기의 장소와 같은 색이라면 비스듬히 나갈 수도 있다.

사수는 멀리 가거나 가까이 가거나 전진이나 후퇴 할 수 있다. 또한 최초에 있었던 장소의 색깔을 결코 바꾸지 못한다.

기사들은 직각으로 나가 적군을 잡는데, 그곳이 자기편이 차지했더라도 적군이 차지했더라도 격자를 하나 뛰어넘어 다음의 오른쪽, 왼쪽의 격자로 옮겨, 격자의 색깔을 바꿀 수 있다. 이것은 적에게 큰 피해를 끼치는 도약이기 때문에 항상 빈틈없는 경계를 받고 있다. 기사들은 결코 정면으로 공격하지 않기 때문이다.

성지기들은 왕과 마찬가지로 좌우, 전후로 나가면 적군을 잡는데, 자기자리를 비우고 싶으면 아무리 먼 곳이라도 얼마든지 갈 수 있다. 왕은 이런 동작을 할 수가 없다.

양군의 공통된 법은 싸움 끝에 상대방의 왕을 공격 포위하여 어떤 방향으로도 도망가지 못하게 하는 일이다. 왕이 이처럼 포위되어 도망갈 수 없게 되고 아군에게 구조를 받을 수도 없게 되면, 싸움은 끝나고 포위 공격을 받은 왕은 패배한다. 따라서 이런 불운에서 왕을 지키기 위해서 쌍방의 남녀는 자기의 생명을 바치며 음악소리가 나면 도처에서 싸움이 벌어진다. 한 사람이 상대방 적군을 포로로 하면, 그에게 인사를 하고, 오른손을 부드럽게 두드리고 그를 시합장 밖으로 내보내고, 자기는 상대방이 있던 격자로 옮겨간다. 왕 가운데 한쪽이 쫓기게 되면, 상대방이 그를 생포하는 것은 허용되지 않았다. 왕을 무방비 상태로 몰고 간 자는 왕에게 공손히 인사를 하고 '신의 가호가 있기를!' 하고 경고를 고하도록 엄격하게 정해져 있었다. 그것은 왕의 가신들에 의해서 보호받든가, 또는 불행하게도 구원이 불가능할 경우에는 왕이 있는 장소를 바꾸게 하기 위해서이다. 하지만 왕은 상대방에 의해서 생포되는 일은 없지만, 상대가 왼쪽 무릎을 땅에 꿇고 "안녕하십니까!"라고 말하며 인사를 하게 되면, 그것으로 경기는 끝난다.

제24장 무도회의 32명이 싸우는 일

양군이 앞서와 같이 배치되자, 악사들이 일제히 공격을 할 때처럼 꽤 무섭고 웅장하게 연주를 하기 시작했다. 그러자 양군의 무리들이 마음속으로는 떨며 자기 진영 밖으로 나가 돌격할 때가 되기만 하면, 용감무쌍한 자세를 취한 것처럼 보였다. 백은군의 악사들이 갑자기 악곡의 연주를 멈추자 황금군의 오르간만이 울렸다. 그래서 우리는 황금군이 공격을 할 것을 알게 되었다. 그건 곧바로 이루어졌다. 새 음악이 울리자 여왕 앞에 있던 님프들이 전투개시의 허가라도 받는 듯이, 왕의 왼쪽과 동시에 동료를 향해서 인사를 했다. 그리고 나서 신중한 태도로 격자를 둘 정도 앞으로 나가, 한쪽 발을 구부리고 상대방에게 공손히 인사를 하고 이들을 공격했다. 이번에는 황금 쪽의 악사들이 연주를 멈추고 백은군 쪽이 연주를 시작했다. 여기서 다음과 같은 것을 언급을 하고 싶다. 님프가 한 바퀴 빙 돌아 방향을 바꿔 왕과 그 신하들에게 예를 표시하고, 그들이 아무것도 하지 않고 가만히 있어서는 안 된다고 신호를 보낸 것이다. 이에 대해서 일동도 왼쪽으로 빙 돌아 방향을 바꿔 다시 인사를 했다. 단지 여왕만은 이와 달리 오른쪽으로 돌아 왕 쪽을 향했다. 이런 인사는 모든 무용가에 의해 행해졌으며, 그에 대한 반례도 춤추는 동안 행해지고 이쪽저쪽 할 것 없이 변함이 없었다.

백은군의 악사들의 연주소리에 따라서 여왕의 앞에 서 있던 백은군의 님프들이 행동을 개시하고, 황금군에 대해서 말한 것처럼 왕과 그의 사람들에게 우아하게 인사를 하자, 일동은 똑같이 여기에 답례를 했는데, 다만 다른 점은 일동이 오른쪽을 향하고 여왕이 왼쪽을 향한 점이었다. 이 백은군의 님프들이 앞쪽 둘째 번의 격자에 옮겨 상대방에게 인사를 하고, 황금군의 최초의 님프 정면에 간격을 두지 않고 버티고 서 있는데, 양군 모두 비스듬히 공격할 수밖에 없다면 그냥 격돌할 것 같아 보였다. 황금군 쪽도 백은군 쪽도 그들의 동료가 그 님프들의 뒤를 이어 서로 뒤엉키고 소규모 전투의 양상을 보였으나, 마침내 최초로 공격한 황금군의 님프가 왼쪽에 있는 백은군의 님프들을 진영 밖으로 물리치고 그 자리를 차지했다. 그러나 갑자기 악사들이 새 음악을 연주하자 황금군의 님프도 백은군의 사수에게 얻어맞았다. 다른 황금군의 님프가 이 사수에게 접근했으나, 백은군의 기사가 출정했기 때문에 황금여왕은 그 왕 앞에 버티고 섰다.

그러자 백은왕은 황금여왕의 분노가 두려워서 위치를 바꿔 오른쪽 성지기 쪽으로 물러갔는데, 그곳은 방비를 잘 갖추고 방어도 매우 굳건히 한 것 같았다.

왼쪽에 있던 황금군과 백은군의 두 기사는 행동을 개시하여 후퇴를 할 수 없는 적군의 님프들을 여러 명 생포했는데, 특히 황금군의 기사는 님프들을 포로로 만드는데 각별히 신경을 썼다. 그러나 백은군의 기사는 더 중요한 일을 생각하여 그의 의도를 감추고, 황금군 쪽의 님프들이 잡힐 듯한 때에도 그대로 내버려 두었다. 그리고 가끔 그렇게 하고는 적진 근처에 가서 적 왕에게 인사하고 "신의 가호가 있기를!" 이라고 말했다. 황금군의 군대는 왕을 구조해야만 한다는 경고를 받고 전원이 두려워 벌벌 떨기 시작했다. 그것은 바로 왕을 구하기 어려웠기 때문이 아니라, 설사 왕을 구해도 오른쪽에 있는 성지기를 잃게 되어 돌이킬 수 없게 되기 때문이었다. 그래서 황금왕은 왼쪽으로 물러가고 백은군의 기사는 황금군의 성지기를 붙잡았다. 이것은 그들에게 큰 손실이었다. 그러나 황금군은 보복할 결의를 굳게 다지고, 그 기사가 자기들의 손을 피해서 퇴각하지 못하게 하기 위하여 사방에서 그를 포위했다. 기사는 온 힘을 다해 탈출하려고 했고, 그의 편도 모든 책략을 써서 그를 보호하려고 했으나, 결국 황금여왕에게 붙잡히고 말았다.

중요한 버팀목을 맡고 있는 한 사람을 잃은 황금군은 전후를 생각하지 않고 복수할 방법을 찾으려고 노력하고 적의 군세에 큰 손해를 끼쳤다. 백은군은 그 동정을 은폐하고 보복의 시기를 기다렸다. 그리고 황금여왕을 은밀히 숨기고 한 님프를 여기에 대항시켰는데, 이 님프가 잡혔을 때 하마터면 황금군의 사수가 백은여왕을 붙잡을 뻔했다. 황금군의 기사는 백은왕과 여왕을 잡기 위해서 "안녕하십니까!" 하고 인사를 했다. 그러자 백은군의 사수가 왕과 여왕을 구했으나 자신은 황금군의 님프에게 붙잡히고, 그 님프도 백은군의 님프에게 붙잡혔다.

싸움은 격렬했다. 성지기들도 그 성에서 나와 지원을 했다. 모든 것이 위험한 상황이었다. 여신 에니오[1]는 아직 명백한 태도를 보이지 않

1 그리스신화에 나오는 전쟁의 여신으로 로마신화의 베로나에 해당한다. 이 여신이 편드는 쪽이 싸움에서 승리하였다.

았다. 어떤 때는 모든 백은군이 황금왕의 막사까지 돌진했지만 바로 격퇴되었다. 황금여왕은 다른 군사들 사이에서 용맹함을 발휘하여 치는가 하면, 사수를 붙잡았고 비스듬히 나가서는 백은군의 성지기를 생포했다. 백은여왕은 이것을 보고 자신도 조심하면서도 황금여왕과 같은 대담함을 나타내고, 벼락처럼 맹활약하여 황금군의 남은 성지기와 몇 명의 님프를 생포했다.

이 두 여왕은 서로 잡으려고 애쓰거나 도망쳐 왕을 지키려고 오랫동안 싸웠다. 마침내 황금여왕은 백은여왕을 잡았으나, 자신도 백은군의 사수에게 붙잡혔다. 이렇게 되자 황금왕에게는 세 님프와 한 사수와 한 성지기 밖에 남지 않았고, 백은왕에게는 세 님프와 한 오른쪽의 기사밖에 남지 않았다. 그 때문에 그들 일동은 그 후 이전보다도 신중하게 천천히 시합을 했다.

두 왕은 그토록 사랑하는 여왕들을 잃었기 때문에 슬퍼보였지만, 왕은 마음을 다잡고 노력해서 자기편 님프들 가운데서 골라 여왕의 자리에 앉히고, 새로 결혼하여 즐겁고 유쾌하게 사랑을 하고자 했는데, 님프들이 적군 왕의 진지 마지막 열까지 돌진하면, 그런 대우를 받을 수 있도록 정해져 있었기 때문이었다. 황금군 쪽이 먼저 새로 여왕을 맞이하여 그 머리에 관을 씌우고 새 옷을 입혀 주었다.

백은군도 이를 똑같이 따라했는데, 백은군의 님프에서 새 여왕이 탄생되기 거의 일보직전이었다. 그러나 거기에는 황금군의 성지기가 숨어 망을 보고 있었다. 그래서 이 님프는 가만히 멈춰 섰다.

새로운 황금여왕은 여왕의 자리에 앉자 자신이 강하고 용감하고 호전적인 여왕인 것을 보여주고 싶었다. 그러는 사이에 백은군의 기사가 진지의 경계를 지키던 황금군의 성지기를 붙잡았다. 그 결과 새로운 백은여왕이 생기게 되었는데, 이 여왕도 새로 자리에 앉자 용맹스러움을 떨치려고 했다. 싸움은 먼저보다 더 격렬하게 벌어졌다. 쌍방 모두 온갖 책략과 공격과 작전을 전개했다. 그 결과 백은여왕은 몰래 황금왕의 막사에 들어가 "신의 가호가 있기를!" 이라고 말했다. 그러자 왕은 그 새 여왕에게 구원받을 수밖에 없게 되었다. 여왕은 스스로 나가 왕을 구하기 위해 스스로 방패막이가 되었다. 그러자 사방에서 날뛰던 백은군의 기사가 여왕 곁으로 달려갔고, 그 때문에 황금왕은 자기가 살기 위해서는 자기 여왕을 잃게 되는 혼란한 지경에 이르렀다. 그러나 황금왕은 백은군의 기사를 잡았다. 그럼에도 불구하고 황금군의 사수는 남아있는 님프들과 함께 전력을 다해 왕을 지켰다.

그러나 결국 모두 생포되어 시합장 밖으로 나가고 황금왕 혼자 남게 되었다. 백은군 전원이 공손히 인사를 하고 "안녕하십니까!" 하고 말함으로써 백은군 왕이 승리자가 되었다. 이 말을 듣자 양군 진영의 악사들이 일제히 승리를 고하고 악곡을 연주하기 시작하였다. 그리고 제 1회의 무도가 끝났는데, 너무나 큰 즐거움, 너무나 즐거운 행동, 너무나 정직한 태도, 너무나 고상한 우아함이 흘러넘쳐 우리는 희열 속에 황홀해진 인간처럼 기쁨에 잠겨 올림포스의 천계의 즐거움, 최고의 행복에 젖어 있는 기분이었다.

첫 번째 시합이 끝나자, 양군은 처음 장소로 물러가고 앞서 싸운 것과 같이 두 번째 경기가 시작되었다. 음악은 1차전보다 반 박자 정도 빨라지고 싸움의 진행도 처음과는 완전 달랐다. 이번 시합에서는 황금여왕이 자기편 군대의 패배를 원망스럽게 생각하고, 악곡의 가락에 의해서 불리어지자 한 사수와 한 기사를 거느리고 선제공격을 해서, 막사의 신하에게 둘러싸여 있는 백은왕에게 기습공격을 하려고 했다. 그 다음 자기 계획이 발각된 것을 알자, 적군 한 가운데로 뛰어들어 교전을 벌이고, 백은군의 님프들이나 다른 가신들을 처참하게 패배시켰다. 그 광경을 본다면 참담한 상황이었다. 그리스군의 진영에 번개처럼 덤벼든 아마존의 펜테질레아[1]와 같았다. 그러나 이 경기는 오래 지속되지 않았다. 백은군은 아군을 잃은 것을 두려워하면서도 그 슬픔을 감추고, 멀리 떨어져 매복을 서고 있던 한 사수와, 떠돌아다니는 한 기사를 써서 황금여왕 몰래 기습공격을 하여 여왕을 생포해 물리쳤다. 나머지도 바로 소탕되었다. 그 다음 경기에서 여왕은 더 신중을 기해 왕 곁에서 멀리 가지도 않고 공격할 경우에도 더 많은 경호를 받으며 출정하게 될 것이다. 결국 이 싸움도 앞선 경기에서와 마찬가지로 백은군이 승리했다.

세 번째의 마지막 무도에서는 양군이 앞선 경기와 마찬가지로 포진했지만, 이번에는 앞선 두 번 시합에 있어서보다 더 즐겁고 결연한 표정을 보였다. 연주곡도 한 배 반이나 박자가 빨라지고, 옛날 마르시아스[2]가 창시한 것 같은 프리지아 식의 군악 같은 선율을 보였다. 그들은 에워싸며 싸웠는데 상당히 몸도 가벼워 음악의 한 박자 사이에 네 번이나 움직여, 앞에서 말한 바와 같이 능숙하게 몸을 돌려 경례를 했

1 아마존의 여왕으로 트로이의 영웅 헥토르가 죽은 뒤, 용맹한 아마존족 여군을 이끌고 트로이군의 원군(援軍)으로 그리스 군을 크게 괴롭혔다.

2 프리지아의 켈라이나이 근처 마르시아스 강의 신이라고 하는 사티로스 또는 실레노스를 가리킨다.

다. 즉 일동은 오직 서로 섞여 깡충깡충 뛰며 춤추며 밧줄곡예사의 공중곡예를 하는 듯했다. 그들이 인사를 하면서 한 발로 몸을 회전하는 모습은 팽이 같았다. 어린애들은 팽이놀이 할 때 회초리로 쳐서 팽이를 돌리지만, 그것이 빨리 돌 때는 정지해 있는 것처럼 조용히 있는 것처럼 보일 뿐 아니라, 어린애들의 말처럼 잠자고 있는 것처럼 보인다. 그리고 색채가 있는 점이 있을 경우, 우리가 볼 때 그것이 보이지 않고 연속된 선처럼 느껴지는데, 이것은 쿠사누스[1]가 그의 신성한 책에서 현명하게 기록한 바와 같다.

그곳에서 우리는 도처에서 되풀이되는 쌍방의 박수소리와 함성소리만을 들었다. 따라서 매우 준엄한 카토[2]나, 그토록 잘 웃지를 않는 크라수스[3]나, 매우 사람을 싫어하는 아테네의 티몬[4]이나, 웃는다는 인간의 본성을 몹시 싫어한 헤라클리토스나[5], 이 젊은이들이 왕이나 여왕들과 함께 이처럼 격렬한 악곡의 음에 따라 서로 방해하지 않고, 민첩한 몸놀림으로 수많은 다른 동작을 하면서, 재빠르게 돌고, 전진하고 뛰고 춤추고 뛰어오르고 도는 것을 보면 가만히 있을 수만은 없었

---

1 프란체스코파 출신의 추기경으로 수학에 통달했으며 세계종말에 대해서도 일가견이 있었다.

2 기원전 234년 로마 투스쿨룸에서 출생한 라틴어 산문 작가이다. 보수적·반그리스적인 정책을 주장한 것으로 유명하며 웅변술과 법적인 수완, 엄격한 도덕심을 소유한 인물이다.

3 크라수스(기원전 115년 경-기원전 53년)는 로마 공화정의 군인이자 정치가이다. 로마 공화정 말기에 율리우스 카이사르, 폼페이우스와 더불어 제 1차 삼두정치를 펼쳤다.

4 티몬(기원전 320년 경-기원전 230년 경)은 그리스의 회의주의 철학자이자 피론의 제자이다.

5 그리스의 철학자로 불이 우주의 기본적·물질적 원리라고 주장한 우주론자이나 그의 생애에 대해 알려진 것이 거의 없다.

다. 경기장에 남아있는 사람들의 숫자가 더 줄어들며 적어질수록 연주되는 악곡의 의미에 따라, 움직이면서 서로 잡으려고 여러 가지 책략을 쓰거나, 도는 것을 보는 재미는 가장 큰 즐거움이었다. 또한 이처럼 인간을 떠난 광경이 우리의 감각을 혼미하게 하고, 우리의 정신을 뒤흔들어 놓아 정신이 나가게 된다면, 이 음악에 이끌려 우리의 마음은 더욱 동요되고 충격을 받는 것이었다. 따라서 이런 악곡의 선율에 의해서 이스마니아[1]가 식탁에 앉아 평온하게 식사를 하고 있던 알렉산드로스 대왕을 부추겨 무기를 손에 들게 한 것도, 나는 쉽게 이해할 수가 있었다. 세 번째의 시합은 황금왕이 승리했다.

이런 무도가 진행되는 동안 캥트 에상스 여왕은 은밀히 자취를 감추었고, 그 이후 우리는 더 이상 여왕을 보지 못했다. 우리는 제버[2]의 부하인 안내자들에게 이끌려 여왕의 명령에 따라 관리로 등록되었다. 그리고 우리는 마테오테크니 항구로 내려가 순풍이 불고 있다는 말을 듣고 배를 탔는데, 우리가 승낙하고 당장에 떠나지 않았더라면, 달을 세 번 보며 지낼 동안은 이 순풍을 다시는 만날 수 없었을 것이다.

---

1 테베(아테네 북서쪽)의 유명한 악사.

2 8세기 스페인 세빌리아 태생의 아랍의 화학자이자 연금술사.

제25장 우리가 여러 길이 나 있는 오드 섬에 상륙한 일

이틀 동안 항해를 하자 우리 눈에 오드 섬이 보였는데, 그 섬에서 우리는 잊지 못할 것을 보았다. 자기 스스로 움직이는 것을 생물이라고 주장한 아리스토텔레스의 말이 진실이라면[1], 이 섬에서 길은 곧 살아있는 생물이다. 이들 대로라면 길은 생물처럼 걸으며, 어느 것은 유성처럼 떠도는 길이고, 다른 것은 지나가는 길, 교차하는 길, 횡단하는 길이다. 그리고 여행자들이 이 나라 섬사람들에게 "이 길은 어디로 가는 길입니까? 또 저 길은?"하고 묻는 것을 내가 본 적이 있다. 이에 대해 사람들은 "미디와 페브롤 사이로, 소교구로, 마을로, 강으로" 하는 식으로 대답하는 것이었다.

여행자들이 적당한 길에 들어서기만 하면 어떤 수고도 하지 않고, 피로를 느끼지도 않고 목적지에 갈 수 있었다. 이런 일은 여러분이 리옹에서 아비뇽이나 아를로 향해 론 강[2]을 따라 배를 타고 내려갈 때 본 것과 같다. 여러분이 잘 알다시피 모든 일에는 결함이 있고, 모든 일에 다 운이 좋을 수는 없듯이, 이 나라의 길에는 일종의 길거리 날치기, 길

---

1 아리스토텔레스의 『물리학』(VIII, 1-6)에 있는 명제로 『팡타그뤼엘 제3서』 제32장에도 같은 내용이 있다.

2 알프스 산맥 빙하에서 발원하여 제네바 레만 호수를 거쳐 리옹, 발랑스, 아비뇽, 아를을 지나 지중해로 직접 흘러들어 가는 큰 강이다.

거리 부랑자라고 하는 녀석들이 있다고 우리에게 말했다. 그래서 가련한 길은 그들을 두려워하여 절도나 도적떼를 피하는 것처럼 그들을 멀리했다. 그 부랑자들은 여행자들이 올가미로 늑대를 잡거나, 그물로 멧도요를 잡을 때처럼, 길이 지나가는 것을 숨어 망을 보고 있었다. 내가 보았는데, 그들 중 하나는 학교길이라는 가장 긴 길을 팔라스의 뜻에 반하여 부정한 방법으로 강탈했기 때문에 경관에게 체포되었다. 다른 녀석은 가장 짧은 길을 정정당당하게 취했다고 자랑했는데, 이런 길을 만나면 편리하고 쉽게 자기 계획을 이룰 수 있다고 말했다.

카르팔랭도 어느 날 요강을 손에 들고 벽을 향해서 오줌을 누고 있던 에피스테몽을 만나 말했던 적이 있었다. 에피스테몽이 선량한 팡타그뤼엘 왕의 아침 인견에 언제나 가장 먼저 나타나는 것은 더 이상 놀랄 일이 아니었는데, 에피스테몽이 가장 짧은 길과 말을 타지 않고 가도 되는 길을 선택했기 때문이었다.

나는 이 나라에 부르주의 대로[1]가 있는 것을 알았는데, 이 대로가 사제처럼 천천히 걷고 있는 것도 보았고, 마차꾼 서너 명이 오자 도망치는 것도 보았다. 마차꾼들은 말발굽으로 짓밟아버리겠다고 하고, 마치 툴리아가 그의 부친이자 로마의 여섯 번째 왕인 세르비우스 툴리우스[2]의 배 위에 자기 마차를 지나가게 한 것처럼, 배때기 위로 짐마차가 지나가도록 하겠다고 위협했기 때문이었다.

나는 이 나라에 페론에서 생캉탱으로 통하는 옛날 길이 있는 것도

1 프랑스 중부지방 부르주에서 오를레앙으로 통하는 로마시대의 옛날 거리.

2 기원전 578-534년에 활동한 전설적인 로마 7왕 중 제 6대 왕. 세르비우스가 시민을 재산에 따라 5등급으로 나눈 세르비우스 법령을 제정한 것으로 여겨진다.

알았는데, 그 길이 인간적으로 좋은 길처럼 보였다. 나는 이 나라의 바위 사이를 지나 큰 곰에 걸터앉은 선량한 노인 같은 라 페라트 거리가 있는 것을 보았다. 나는 멀리서 이 거리를 보고 그 곰이 사자였더라면 생각하며 그림에 그려진 이에로니슴 성인[1]이 떠올랐다. 이 거리는 매우 황폐되어 있었고, 그 수염은 빗질을 하지 않은 상태로 희고 길게 자라 있었다. 여러분은 꼭 얼음기둥 같이 생겼다고 말했을 것이다. 이 거리는 대패질도 제대로 하지 않은 소나무로 만든 염주를 많이 몸에 달고 있고, 서 있지도 않고, 그렇다고 누워 있지도 않고, 무릎은 꿇고 앉아 있는 듯한 모습을 하고 있는데, 크고 단단한 돌멩이로 자기 가슴을 계속 내리치고 있었다. 우리는 무서웠고 불쌍한 마음이 들었다. 이것을 바라보고 있던 우리들을 이 나라를 순례 중인 한 선생님이 알卵을 옆으로 불러놓고, 새하얗고 매끈매끈하고 얼마쯤의 짚이 흩어져 있는 한 길을 가리키면서 말했다.

"여러분은 앞으로 물이 만물의 근원이라고 말한 밀레투스 태생인 탈레스[2]의 의견이나, 모든 것이 바다에서 생겨난다고 단언한 호메로스의 말을 경멸하지 않길 바랍니다. 여러분이 보고 계신 저 길은 물에서 태어나 물로 돌아갈 것입니다. 두 달 전에는 여러 배들이 저 길로 지나갔는데, 지금은 짐마차들이 지나가고 있습니다."

"정말로 딱하군! 우리의 세계에서는 매년 이와 유사한 이변이 5백회

1 성 제롬으로 초상화에서 사자를 애무하는 모습으로 묘사되고 있다.

2 그리스 최초의 철학자. 이오니아의 밀레투스 사람으로 기하학, 천문학에 박학하여 기원전 585년의 일식을 예언했으며, 1년을 365일로 나누고 한 달을 30일로 정했다고 전한다. 물이 모든 물질의 본질이라는데 기초한 우주론을 주장하였다.

이상이나 있긴 하지." 팡타그뤼엘이 말했다.

움직이는 대로 길의 모습을 유심히 지켜보며 그 알卵 선생이 우리에게 말했다. 그의 판단에 의하면 필롤라우스와 아리스타르코스[1]도 전에 이 섬에서 철학을 연구했고, 셀레우쿠스[2]도 이 사실은 진실과 반대되는 것 같지만, 지구가 남북의 양축을 중심으로 도는 것이 진실이며, 천체가 도는 것이 아니라고 단정 짓는 의견을 갖게 된 것이라고 한다. 이런 일은 루아르 강 위에서 근처의 나무가 움직이는 것처럼 보이지만, 그것은 나무가 움직이는 것이 아니고 배가 지나가기 때문에 우리가 움직이는 것과 같은 이유이다.[3]

배로 돌아온 우리는 바닷가 근처에서 사람들이 길에서 매복을 섰다가 체포된 길거리 날치기 세 명에게 차형의 형을 집행하는 것과, 하나의 길에 덤벼들어 갈비뼈 하나를 부러뜨린 방탕한 자를 불사라 죽이는 광경을 보았다. 이집트 나일 강의 제방 길에서 그런 일이 일어났다고 우리에게 알려주었다.

---

1 타렌툼의 필롤라우스(기원전 5세기)와 사모스의 아리스타르쿠스(기원전 3세기)는 지동설을 주장하였다.

2 기원 1세기의 천문학자로 지동설을 주장하였다.

3 나무를 바라보며 배로 강을 내려가는 사람들에게는 나무가 움직이는 것처럼 보인다고 하는 일종의 상대주의적 사고방식은 지동설을 지지하는 것으로 보인다.

第26장 우리가 에스클로 족의 섬에 도착한 일과, 프르동 수도사들에 대하여

우리는 에스클로[1] 족의 섬에 갔는데, 이곳 섬사람들은 대구 스프만을 먹으며 살고 있었다. 우리는 베니우스 3세라는 이 섬의 왕에게 극진한 환영과 환대를 받았다. 이 왕은 술을 마시게 한 후, 새 수도원을 보여주려고 우리를 안내해 주었는데, 이 수도원은 왕의 창의로 프르동 파의 수도사들을 위해서 만들어진 것이었다. 이 왕이 이 수도사들을 이렇게 부른 데에는, 이 대지에 온화한 성모의 천한 종이며 친구인 작은 종파의 수도사들, 이템, 칙서를 반음 바꿔서 읽는, 멋있지만 거만한 미뇌르 파의 수도사들, 청어 구이를 먹고사는 미님 파의 수도사들, 갈고리 모양으로 굽은 손가락을 한 미님 파의 수도사들이 있었기 때문에, 아무리 천박한 이름을 붙이려 해도 프르동 파라고밖에 부를 수가 없었다는 것이다. 라 캥트 여왕에게서 받아 어느 것이나 잘 갖추어진 정관이나 칙서에 따라, 일동은 모두 방화범의 모습을 하고 있는데, 단지 앙주 지방의 지붕 잇는 일꾼이 무르팍 대기를 대듯 모두 복대를 두르고 있었다. 복대를 댄 사람들이 그들 사이에서는 큰 호평을 받았다. 바지에 붙은 브라게트[2]는 실내화처럼 되어 있고, 각기 앞뒤로 두 개

1 '나막신을 신은 사람'의 뜻으로 초라한 신발을 신은 수도사들을 일컫는다.

2 남성용 바지 앞트임에 붙인 삼각형의 천조각으로 남성미를 돋보이려고 멋쟁이들이

씩 꿰매져 있는데, 이런 두 개의 브라게트를 달고 있는 것으로서 무시무시한 어떤 신비들이 그대로 나타나 있다고 단언했다. 그들은 모래바다에 사는 사람들을 본받아서 대야처럼 생긴 둥근 신을 신고 있었고, 수염은 깎고 구두바닥에는 징이 박혀 있었다. 그들은 운명의 여신은 관심이 없다는 것을 나타내려고 그들의 머리 끝에서 견갑골까지 돼지 살가죽처럼 후두부 머리털을 깎거나 뽑았다. 앞쪽의 머리털은 두개골에서부터는 자유롭게 자라고 있었다. 이런 식으로 그들은 이 세상의 재물에는 아무런 관심이 없는 사람들처럼 운명에 거역하는 생활을 하고 있었다. 변덕스러운 운명의 여신에게 도전하는 것처럼, 그들은 여신처럼 손이 아닌 허리띠에 묵주 대신에 각자 예리한 면도날을 가지고 있고, 그것을 낮에는 두 번 갈고 밤에는 세 번 갈았다.

일동은 각자 양발 위에 둥근 공을 하나씩 올려놓고 있는데, 그것은 운명의 여신은 발 아래 둥근 공을 놓고 있기 때문에 그렇게 한 것이었다. 그들의 두건 술장식은 뒤가 아닌 앞에 달려 있는데, 이렇게 함으로써 이마를 감추고 운명의 여신도, 운이 좋은 사람들도 제멋대로 조롱하고 있었다. 이것은 바로 여러분이 얼굴 가리개라고 부르는 추녀의 탈을 쓴 우리나라 귀부인의 모습과 거의 같았다. (옛날 사람들은 그런 것을 자비라고 불렀는데, 그것이 귀부인들의 허다한 죄를 감추기 때문이었다.[1]) 또한 그들은 우리 얼굴처럼 후두부가 항상 드러내어 보이도록 하고 있었다. 그런 이유로 그들 멋대로 배나 엉덩이를 내밀고 다닐 수 있

사용하였다.

1 신약성경 「베드로전서」 4장 8절 말씀에 의거한다. '무엇보다도 뜨겁게 서로 사랑할지니 사랑은 허다한 죄를 덮느니라.'

었다. 그들이 엉덩이를 내밀고 다닐 때, 여러분은 그들의 보통 걸음걸이로 생각할지 모르겠지만, 그것은 그 둥근 신발과 앞에서 말한 브라게트 때문이기도 했는데, 후두부의 삭발한 곳에 야자나무 열매처럼 두 개의 눈과, 한 개의 입이 투박하게 그려진 얼굴이 보였기 때문이기도 했다. 그들이 배를 내밀고 지나 갈 때 술래잡기라도 하는 듯한 생각을 여러분은 생각했을 것이다. 정말 그것은 볼만했다.

그들의 생활방식은 다음과 같았다. 반짝이는 샛별이 땅 위에 나타나기 시작하면, 그들은 자비심에서 서로 장화를 신겨주고 박차를 달아주었다. 이처럼 장화를 신고 박차를 단 채 잠깐 동안 코를 골았다. 잠자는 동안 코안경이나 사정상 부득이할 경우에는 외눈안경을 썼다.

우리는 그들이 하는 이런 짓을 이상하다고 생각했다. 그러나 그들은 우리가 납득할 만한 대답을 해주었는데, 최후의 심판 때가 오면 모든 사람들이 안식과 수면을 취하게 되어 있다는 것을 우리에게 증명해 보이면서, 그들은 행복한 사람들처럼 최후의 심판에 출두하는 것을 거부하지 않는다는 것을 분명하게 보여주기 위해서, 장화를 신고 박차를 달고 심판의 나팔이 울리면 말을 탈 수 있는 준비를 하고 있다고 하는 것이었다.

낮 12시에 종이 울리면, (여기서 주의할 것은 그들의 종은 괘종시계의 종이건 교회나 식당의 종이건, 폰타누스의 원리에 의해서 만들어졌는데, 부드러운 새의 솜털을 꿰매 넣고, 그 방추는 늑대 꼬리로 되어 있었다.) 그래서 12시에 종이 울리면, 그들은 모두 일어나 장화를 벗고, 오줌을 누고 싶은 자는 오줌을 누고, 변을 보고 싶은 자는 변을 보고, 재채기가 나는 자는 재채기를 하였다. 그러나 그들 모두는 엄중한 규칙 조항에 따라 하품을 하고 하품으로 아침을 먹고 있었다. 이 광경은 실로 유쾌해 보였다. 왜냐하면 그들의 장화와 박차를 선반의 위에 올려놓자, 일행은 수도원으로 내려가 손과 입을 정성스레 씻고, 긴 의자에 앉아 수도원장이 입술에 손을 대고 휘파람을 불 때까지 이를 닦고, 그 다음에 각자 가능한 한 입을 크게 벌리고 때로는 반시간이나 그 이상, 혹은 그 이하 하품을 하고 있는데, 그것은 하루에 걸맞은 아침 식사량이라고 수도원장이 생각한 대로 되는 것이기 때문이었다. 그것이 끝나면 멋진 행렬을 하는데, 일동은 두 개의 깃발을 들고 있었다. 그 하나에는 '덕'의 상이, 다른 하나에는 '운'의 상이 아름답게 그려져 있었다. 첫 번째 프르동 수도사가 '운'의 깃발을 들고, 뒤이어 '덕'의 깃발을 든 수도사가 걷고 있는데, 이 분은 오비디우스[1]가 그의 『행사력』에서 기록한 메르쿠리우스의 샘물에 적신 성수채로 '운'의 깃발을 들고 앞서 가는 프르동 수도사를 연방 때리고 있었다.

"이 순서야말로 '덕'이 선행되고 '운'은 여기에 따를 것이라는 키케로나 아카데미 학파 사람들의 학설과는 순서가 정반대네요." 파뉘르쥬가 말했다.

하지만 그들이 이처럼 해야 되는 것이 그들의 의도가 '운'의 여신을 매질하는데 있었기 때문이라는 것을 우리에게 증명해 보였다.

행렬 속에서 일행은 무엇인지 모를 응답송과 같은 것을 입 안에서 선율적으로 흥얼거리고 있었다. 하기야 나는 그들의 파틀랭[2] 말을 알

1 기원전 43년 이탈리아 태생으로 사랑을 노래한 연애시인으로 유명하며, 그의 대표작으로 『변신 이야기』가 있다.

2 '무슨 뜻인지 알 수 없는 말, 수수께끼 말'의 뜻으로 15세기 소극 『피에르 파틀랭 선

수 없었다. 그들의 말을 주의 깊게 들어보니 그들은 귀로만 노래를 부르고 있다는 것을 알게 되었다. 오, 이 노래는 그들의 종소리와 잘 어울리는 멋진 노래 가락이었는지! 그들의 찬가는 결코 부조화를 이루지는 않을 것이다. 팡타그뤼엘이 그들의 행렬에 대해 놀라운 말을 했다.

"자네들은 이들 프르동 종파들의 빈틈없는 점을 보고 이것을 알게 된 것인지? 행렬을 다 끝내기 위해서 저들은 성당의 한 문으로 나와 다른 문으로 들어 간 것이지. 마침내 나온 곳을 지나서 그곳에 되돌아가지 않도록 대단히 주의를 한 것이지. 나의 명예에 걸고서 이들은 교활한 자들이네. 도금할 정도로 세련되고 납으로 만든 단도처럼 날카롭고, 책략으로 남을 속이지만 자신은 속아 넘어가지 않는 세밀한 체에 걸러진 빈틈없는 자들이네."

"이런 빈틈없는 점은 신비한 철학에서 추출된 것, 악마한테 잡혀 먹혀 버리라고 하죠. 저는 잘 모릅니다." 장 수도사가 말했다.

"그것을 잘 모르기 때문에 더 무서운 것이지. 이건 잘 알고 있는 듯한 정도로 빈틈이 없는 것, 앞을 내다볼 수 있을 정도의 빈틈없는 것, 속이 완전히 드러난 빈틈없는 것도 빈틈없는 것이 아니고, 그 본질과 명목을 잃게 되는 것도, 우리는 이런 것을 천치 바보라고 하지. 내 명예에 걸고서, 그것을 매우 잘 알고 있지!" 팡타그뤼엘이 대답했다.

그 행렬이 산책이나 운동하는 것처럼 끝나자 일행은 식당으로 갔다. 식탁 아래 무릎을 꿇고 앉아서 한 사람씩 각자 가슴과 배를 등에 대고 있었다. 모두 이런 상태를 유지하고 있는데, 갈퀴를 손에 든 키

생』에 나오는 글귀이다.

큰 에스클로가 들어와 거기에 있던 자들에게 쇠갈퀴 질을 했다. 그들 일행은 치즈로 식사를 시작하고, 마르시알이 고대인의 습관이라고 증언한 대로 겨자와 샐러드로 식사를 끝마쳤다. 마지막으로 접시에 담은 겨자가 그들 각자에게 나와 식후에 겨자를 먹었다.

그들의 식이요법은 이러했다. 그들은 일요일에는 돼지 피순대, 돼지 순대, 소시지, 프리캉도 비계요리, 돼지 간 구이, 어린 메추라기 요리를 먹었는데, 언제나 앙트레로 치즈를 먹었고 겨자로 식사가 끝났다. 월요일은 사이에 주석註釋과 주해를 넣은 맛있는 돼지기름 친 콩 요리였다. 화요일에는 성체 빵과 프아스와 케이크와 갈레트가 나왔다. 수요일에는 시골 요리였는데, 이 지방에서 풍부하게 생산되는 양 머리, 송아지 머리, 오소리 머리였다. 목요일에는 일곱 가지 포타주 빵에 영원무궁한 겨자가 붙여 있었다. 금요일은 마가목의 열매뿐이었다. 내가 그 색깔을 보고 판단하기로는 익지 않았어도 상관은 없었다. 토요일은 그들 모두 뼈를 씹고 있었다. 그러나 그들은 가난한 것도 몸이 허약한 것도 아니었다. 각자 충분히 배를 채울 만한 녹봉지를 가지고 있었기 때문이다. 그들의 음료는 앵포르트뤼날이라고 하는 포도주였는데, 그들은 이 나라의 알 수 없는 음료를 이렇게 부르고 있었다. 일행은 마시거나 먹고 싶으면 두건 장식의 술을 앞으로 내리는데, 그것이 침받이의 역할을 했다.

점심이 끝나고 일동 모두 신에게 기도를 콧노래 하듯이 드렸다. 하루의 나머지는 최후의 심판을 기다리며 자선사업을 하는 것이었다. 일요일에는 서로 말 글겅이로 긁고, 월요일에는 서로 콧등을 손가락으로 튀기고, 화요일에는 손톱으로 서로 할퀴고, 수요일에는 서로 코를 풀고, 목요일에는 뱃속의 벌레를 콧구멍으로 끄집어내고, 금요일에는 서로 간질이고, 토요일에는 회초리로 서로 때리는 것이었다.

이런 것이 그들이 수도원에 있을 때 하던 식이요법이었다. 그들이 수도원장의 명령으로 외출을 했을 때는 바다나 강에 있을 때에도, 어류에 손을 대거나 먹는 일은 엄격하게 금지되어 있었으며, 이 규칙을 어기면 무서운 벌을 받게 되어 있었다. 그들이 육지에 있을 때에도 어떤 종류의 고기든 간에 금지되었다. 이것은 물질을 즐기면서 힘과 육욕을 즐길 수 없고, 마르페수스[1]의 바위처럼 움직이지 않게 된다는 것을 각자에게 잘 납득시키기 위해서였다. 그들은 그때에 알맞은 성가를 부르면서 모든 일을 했는데, 앞서 우리가 말했던 것처럼 늘 귀로 노래를 불렀다. 태양이 바다에 가라앉자, 일동은 이전처럼 서로 장화를 신겨주고, 박차를 달고, 코에 안경을 씌우고, 잠을 잘 준비를 했다. 12시에 에스크로가 들어오자 일동은 자리에서 일어났다. 그리고 그들 모두 면도칼을 갈거나 날을 세웠다. 그리고 줄지어 식탁 밑으로 들어가 이전처럼 먹는 것이었다.

장 데 장토뫼르 수도사는 이런 유쾌한 프르동 수도사들을 보고, 그들의 규칙의 내용을 알고 침착함을 잃고 큰 소리로 외치며 말했다.

"큰 쥐의 식사다! 난 이 내기를 그만두고 주를 걸고서 물러가겠다. 오, 프리아푸스가 카니디아의 밤의 축제에 참석한 것처럼, 왜 여기에 있지 않았는지! 마음껏 방귀를 뀌며 콧노래를 부르며 경쟁하는 것을

---

1 트로이(스카만데르 강 북쪽과 헬레스폰트 해협의 남쪽 어귀로부터 약 6.4km 떨어진 트로아스 평야) 부근.

보게 될 텐데! 이제 알겠는데, 정말로 우리는 게르마니아[1]의 뒤쪽 반대국과 대척국에 있는 것이구나. 게르마니아에서는 수도원을 파괴하고 수도사를 환속시키는데, 여기서는 그 반대로 수도원을 세우고 있으니 말이야."

1 독일을 중심으로 종교개혁운동이 활발하게 일어났던 동유럽 국가들이다.

제27장 파뉘르쥬가 한 프르동 수도사에게 질문하여 단음절로만 대답을 들은 일

파뉘르쥬는 우리가 섬에 도착한 이래 위풍당당한 프르동 수도사들의 얼굴을 유심히 바라보고는, 그들 가운데 소금에 절인 악마처럼 깡마른 한 수도사의 소매를 잡아당기며 물었다.

"수도사, 프르동, 프르동, 프르동디으, 여자들은 어디 있나요?"

"아래에." 프르동 수도사가 대답했다.

파뉘르쥬 : 여기에는 많이 있나요?

프르동 수도사 : 좀.

파뉘르쥬 : 정말로 얼마나 있나요?

프르동 수도사 : 20명.

파뉘르쥬 : 몇 명 정도를 원하나요?

프르동 수도사 : 100명.

파뉘르쥬 : 어디에 숨겨 놓았나요?

프르동 수도사 : 저기.

파뉘르쥬 : 나이가 모두 같지 않은 것 같은데 어떤 몸매를 하고 있나요?

프르동 수도사 : 곧음.

파뉘르쥬 : 피부는 어떤 색깔인가요?

프르동 수도사 : 백합.

파뉘르쥬 : 머리카락은?

프르동 수도사 : 금발.

파뉘르쥬 : 눈은?

프르동 수도사 : 검정.

파뉘르쥬 : 유방은?

프르동 수도사 : 둥금.

파뉘르쥬 : 얼굴은?

프르동 수도사 : 예쁨.

파뉘르쥬 : 눈썹은?

프르동 수도사 : 처짐.

파뉘르쥬 : 매력은?

프르동 수도사 : 원숙.

파뉘르쥬 : 눈길은?

프르동 수도사 : 솔직.

파뉘르쥬 : 발은?

프르동 수도사 : 평발.

파뉘르쥬 : 발꿈치는?

프르동 수도사 : 짧음.

파뉘르쥬 : 아래쪽은?

프르동 수도사 : 아름다움.

파뉘르쥬 : 팔은?

프르동 수도사 : 길음.

파뉘르쥬 : 손에 들고 있는 것은?

프르동 수도사 : 장갑.

파뉘르쥬 : 가락지는?

프르동 수도사 : 황금.

파뉘르쥬 : 어떤 옷을 입나요?

프르동 수도사 : 나사.

파뉘르쥬 : 어떤 나사를 입나요?

프르동 수도사 : 새것.

파뉘르쥬 : 어떤 색으로?

프르동 수도사 : 진한 파랑.

파뉘르쥬 : 두건은 무슨 색이죠?

프르동 수도사 : 청색.

파뉘르쥬 : 양말은?

프르동 수도사 : 갈색.

파뉘르쥬 : 나사는 모두 어떤 것이죠?

프르동 수도사 : 고급.

파뉘르쥬 : 어떤 신발인가요?

프르동 수도사 : 가죽.

파뉘르쥬 : 보통 신는 신발은?

프르동 수도사 : 더러움.

파뉘르쥬 : 그것으로 어떻게 걷나요?

프르동 수도사 : 빠르게.

파뉘르쥬 : 아가씨들이 있는 부엌으로 갑시다. 천천히 메뉴를 잘 조사해 봅시다. 부엌에는 무엇이 있나요?

프르동 수도사 : 불.

파뉘르쥬 : 이 불을 꺼뜨리지 않는 것은?

프르동 수도사 : 장작.

파뉘르쥬 : 이건 무슨 장작이죠?

프르동 수도사 : 마른 장작.

파뉘르쥬 : 어떤 나무를 장작으로 쓰나요?

프르동 수도사 : 주목.

파뉘르쥬 : 나뭇조각과 나뭇단은?

프르동 수도사 : 오리나무.

파뉘르쥬 : 방에서는 무슨 장작을 때나요?

프르동 수도사 : 소나무.

파뉘르쥬 : 그 밖의 어떤 나무를?

프르동 수도사 : 보리수.

파뉘르쥬 : 그 아가씨들을 내가 반은 받게 되는데, 당신들은 그녀들을 어떻게 양육하나요?

프르동 수도사 : 잘.

파뉘르쥬 : 무엇을 먹나요?

프르동 수도사 : 빵.

파뉘르쥬 : 무슨 빵?

프르동 수도사 : 흑빵.

파뉘르쥬 : 그 밖에 무엇을 먹나요?

프르동 수도사 : 고기.

파뉘르쥬 : 어떤 식으로 먹나요?

프르동 수도사 : 구워서.

파뉘르쥬 : 고깃국 빵은 전혀 먹지 않나요?

프르동 수도사 : 전혀.

파뉘르쥬 : 과자는 먹나요?

프르동 수도사 : 많이.

파뉘르쥬 : 좋소. 생선은 안 먹나요?

프르동 수도사 : 먹음.

파뉘르쥬 : 어떤 식으로 무엇이 더 나오나요?

프르동 수도사 : 알.

파뉘르쥬 : 어떤 것을 좋아하나요?

프르동 수도사 : 삶은 것.

파뉘르쥬 : 어떻게 삶은 것을 좋아하나요?

프르동 수도사 : 굳은 것.

파뉘르쥬 : 이게 식사의 전부인가요?

프르동 수도사 : 아님.

파뉘르쥬 : 그 밖에 무엇을 먹나요?

프르동 수도사 : 소고기.

파뉘르쥬 : 그 밖에는?

프르동 수도사 : 돼지.

파뉘르쥬 : 그 밖에는?

프르동 수도사 : 거위고기.

파뉘르쥬 : 그 밖에는?

프르동 수도사 : 집거위 수컷.

파뉘르쥬 : 또?

프르동 수도사 : 수탉.

파뉘르쥬 : 양념은?

프르동 수도사 : 소금.

파뉘르쥬 : 가장 맛있는 식사는?

프르동 수도사 : 포도즙.

파뉘르쥬 : 식사 끝에는 무엇을?

프르동 수도사 : 쌀.

파뉘르쥬 : 그 밖에는?

프르동 수도사 : 우유.

파뉘르쥬 : 그 밖에는?

프르동 수도사 : 콩.

파뉘르쥬 : 어떤 콩을 먹나요?

프르동 수도사 : 녹색.

파뉘르쥬 : 거기에 무엇을 더 넣나요?

프르동 수도사 : 비계.

파뉘르쥬 : 과일은?

프르동 수도사 : 좋은 것.

파뉘르쥬 : 뭐요?

프르동 수도사 : 싱싱한 것.

파뉘르쥬 : 그 이외는?

프르동 수도사 : 호두.

파뉘르쥬 : 아가씨들이 마시는 모양은?

프르동 수도사 : 멋짐.

파뉘르쥬 : 무엇을 마시나요?

프르동 수도사 : 포도주.

파뉘르쥬 : 어떤 포도주를 마시나요?

프르동 수도사 : 백포도주.

파뉘르쥬 : 겨울에는?

프르동 수도사 : 세게.

파뉘르쥬 : 봄에는?

프르동 수도사 : 거침없이.

파뉘르쥬 : 여름에는?

프르동 수도사 : 차갑게.

파뉘르쥬 : 가을이나 수확 때는?

프르동 수도사 : 부드럽게.

"말도 안 되는 얘기다. 여기에 있는 프르동 암케들 정말로 바쁘게 쏘다니겠네. 이렇게 많이 처먹어대니 말이야!" 장 수도사가 외쳤다.

"기다리게. 곧 끝나니까. 몇 시에 자나요?" 파뉘르쥬가 말했다.

프르동 수도사 : 밤.

파뉘르쥬 : 언제 일어나지요?

프르동 수도사 : 낮.

"이 녀석은, (파뉘르쥬가 말했다) 금년 중 말 타고 놀던 녀석 중에도 가장 착한 프르동 수도사이거든요. 주여, 너그러운 성 프르동 수도사, 프르돈 성녀님, 이 남자를 파리의 대법관으로 세워주소서! 주의 공덕에 걸고서, 이보게, 소송 발송인, 소송 간략인, 심리종결인, 자료대 분류인, 기록 대조인, 소송문서 작성인이 되겠네요. 자, 이번에는 다른 음식 이야기로 돌아가 마음껏 우리의 자비로운 수녀들에 대해서 이야기합시다."

"어떤 형태인가요?"

프르동 수도사 : 굵음.

파뉘르쥬 : 입구는?

프르동 수도사 : 차가움.

파뉘르쥬 : 속은?

프르동 수도사 : 깊음.

파뉘르쥬 : 거기는 어떤가?

프르동 수도사 : 뜨거움.

파뉘르쥬 : 그 가장자리는?

프르동 수도사 : 털.

파뉘르쥬 : 어떤?

프르동 수도사 : 붉은색.

파뉘르쥬 : 가장 늙은 것은?

프르동 수도사 : 회색.

파뉘르쥬 : 몸의 움직임은?

프르동 수도사 : 신속.

파뉘르쥬 : 엉덩이의 움직임은?

프르동 수도사 : 활발함.

파뉘르쥬 : 모두 뛰나요?

프르동 수도사 : 너무.

파뉘르쥬 : 당신들의 도구는 어떻습니까?

프르동 수도사 : 큼.

파뉘르쥬 : 그 모양은?

프르동 수도사 : 둥근 편.

파뉘르쥬 : 끝은 무슨 색깔이죠?

프르동 수도사 : 적갈색.

파뉘르쥬 : 일이 끝나면 어떤가요?

프르동 수도사 : 얌전.

파뉘르쥬 : 음낭은 어떤가요?

프르동 수도사 : 무거움.

파뉘르쥬 : 어떤 식으로 걸어 올라갔나요?

프르동 수도사 : 가까이.

파뉘르쥬 : 일을 마치면 어떻게 되나요?

프르동 수도사 : 무광.

파뉘르쥬 : 당신들의 맹세에 따라 집을 비울 때는 그것을 어디에 내던지나요?

프르동 수도사 : 밑.

파뉘르쥬 : 아가씨들이 쓰러지면서 뭐라고 하나요?

프르동 수도사 : 말.

파뉘르쥬 : 당신들에게 음식을 대접하는 것만으로 즐거운 일을 생각하나요?

프르동 수도사 : 진실로.

파뉘르쥬 : 애를 낳아주기도 하나요?

프르동 수도사 : 아님.

파뉘르쥬 : 어떤 식으로 같이 자나요?

프르동 수도사 : 알몸.

파뉘르쥬 : 당신들이 한 맹세에 따라 정확히 세어 하루에 몇 번 하나요?

프르동 수도사 : 여섯.

파뉘르쥬 : 밤에는?

프르동 수도사 : 열.

"젠장! 이 호색가가 16번 이상은 안한다고요. 소심한 양반이네." 장 수도사가 말했다.

파뉘르쥬 : 그런데 당신은 장 수도사만큼 할 수 있나요? 주께 걸고서, 수도사는 녹색 기름살고기라서. 다른 자들도 똑같이 하나요?

프르동 수도사 : 모두.

파뉘르쥬 : 가장 강한 자는?

프르동 수도사 : 나.

파뉘르쥬 : 실수한 적은 없나요?

프르동 수도사 : 없음.

파뉘르쥬 : 정말 무슨 소린지 알 수가 없네요. 전날 정액 낭을 다 비우고도 다음 날 그만큼 가득 차 있나요?

프르동 수도사 : 더 많이.

파뉘르쥬 : 저들은 테오프라스토스[1]가 찬양한 인도의 풀을 가지고 있네요. 그러나 정당한 장애나 다른 이유로 음경이 다소 풀이 죽었을 때는 어떻게 하나요?

프르동 수도사 : 곤란.

파뉘르쥬 : 아가씨들은 어떻게 하나요?

프르동 수도사 : 난리.

파뉘르쥬 : 하루라도 쉬면은?

프르동 수도사 : 최악.

파뉘르쥬 : 아가씨들에게 무엇을 주나요?

프르동 수도사 : 주먹질.

파뉘르쥬 : 그럼 그녀들은 어떻게 맞대응하나요?

프르동 수도사 : 똥.

---

1 그리스의 식물학자로 아리스토텔레스의 제자.

파뉘르쥬 : 뭐라고 말대꾸하나요?

프르동 수도사 : 방귀.

파뉘르쥬 : 어떤 소리로요?

프르동 수도사 : 터진.

파뉘르쥬 : 어떤 식으로 야단을 치나요?

프르동 수도사 : 매우 세게.

파뉘르쥬 : 무엇을 짜내나요?

프르동 수도사 : 피.

파뉘르쥬 : 그것이 피부색이 되나요?

프르동 수도사 : 물들음.

파뉘르쥬 : 당신에게 더 나은 것은?

프르동 수도사 : 색칠.

파뉘르쥬 : 항상 당신들은 뭐가 남아 있나요?

프르동 수도사 : 걱정.

파뉘르쥬 : 그 후로 아가씨들은 당신들을 어떻게 생각하는지요?

프르동 수도사 : 성인聖人.

파뉘르쥬 : 당신들이 세운 나무의 맹세에 걸고서, 가장 나태하게 생활할 때는 1년 중 어느 어느 계절인가요?

프르동 수도사 : 8월.

파뉘르쥬 : 가장 많이 하는 달은?

프르동 수도사 : 3월.

파뉘르쥬 : 다른 계절에도 하나요?

프르동 수도사 : 즐겁게.

그래서 파뉘르쥬는 웃으며 말했다.

"이 분은 세상에서 가장 가련한 프르동 수도사야. 잘 알다시피 이 수도사는 대답을 간결하고 간략한 표현으로 하기로 결심하고, 단음절로만 대답을 하는 것이지. 버찌 하나도 셋으로 잘라서 먹을 것 같네."

"신의 몸에 걸고서, (장 수도사가 말했다) 수도사들은 아가씨들과도 말이 통하지 않네. 그런 일에는 다음절로 끝낼 줄 모르지. 자넨 수도사들이 버찌 하나를 셋으로 잘라 먹는다고 했지만, 회색 성인[1]에게 걸고서, 난 맹세하네. 저 수도사는 양의 어깨살을 둘로 잘라, 한 입에 먹어치우고, 포도주 한 통을 단숨에 마셔버리지. 잘 보게나. 어떻게 저 수도사가 완전 녹초가 되었는지 보게."

"이런 악독한 수도사들은 세상 어디를 가나 이처럼 처먹기나 하고, 우리에게 이 악독하고 쓸모없는 수도사들은 목숨 있는 것은 그들의 이승뿐이라고 하죠. 도대체 어디에서나 왕과 귀족들은 그 이상의 수명을 가졌는가?" 에피스테몽이 말했다.

---

1 회색 옷을 종파의 사람들에게 입힌 아시지의 성 프란체스코를 지칭한다.

제28장 사순절의 제도가 에피스테몽의 마음에 들지 않은 일

"여러분은 심술궂고 무례한 프르동 수도사가 3월을 방탕의 달이라고 한 것을 알고 있는지요?" 에피스테몽이 물었다.

"알고 있네. 사순절[1]이 항상 3월에 들어있는데, 고행으로 육욕을 억누르고 색정을 억압하려고 제정된 것이지." 팡타그뤼엘이 말했다.

"그것에 대해서, (에피스테몽이 말했다) 추잡한 프르동 수도사가 사순절의 계절만큼 방탕에 빠지는 일은 결코 없다고 고백하고 있지만, 이런 제도를 처음 만든 교황의 생각이 어떤 것인지 전하께서도 잘 아실 것입니다. 게다가 모든 선량하고 박식한 의사들이 말하는 명백한 이유에 의하면, 이 선생들은 1년을 통해 이 시기만큼 인간의 정욕을 자극하는 음식을 먹는 일은 없다고 주장하고 있습니다. 즉, 잠두, 완두콩, 강낭콩, 이집트 콩, 양파, 호두, 굴, 청어, 소금에 절인 식품, 메기젓, 샐러드, 쑥, 다닥냉이 샐러드, 사철 쭉, 물 냉이, 강물냉이, 초롱꽃 식물, 양귀비, 홉 등, 강정작용이 있는 풀로 만든 생야채, 무화과, 쌀, 포도."

"성스러운 사순절 결재를 만든 선하신 교황께서, (팡타그뤼엘이 말했

1 기독교에서 재의 수요일에 시작해 부활절 전까지 계속되는 절기로 예수 그리스도가 광야에서 금식한 것을 본따 일요일을 제외한 40일을 금식기간으로 정하고 있다.

다) 겨울의 추위 동안, 육체의 중심에서 자연의 열기가 솟아나와 마치 나무의 수액처럼 사지를 순환하는 때를 고려하여 인간종족의 번식을 돕기 위해서 그런 음식을 정하였다면, 여러분도 매우 놀랄 것이네. 내가 그런 생각을 하는 이유는 투아르의 세례등록부를 조사해 보면, 10월과 11월에 태어난 어린애의 수는 그 해의 나머지 열 달보다 훨씬 더 많고, 이 애들은 역으로 계산해 보면 모두 사순절에 만들어지고 배고 잉태되고 생기게 된 것이기 때문이지."

"전하의 말씀을 듣고 있으면 무척이나 재미있습니다. (장 수도사가 말했다) 장베 사제[1]가 말했지만 임신한 여자들이 많게 되는 것은 사순절의 음식 때문이 아니고, 허리가 굽은 귀여운 탁발수도사, 장화를 신은 귀여운 설교수도사, 흙투성이의 귀여운 고해청문수도사 때문이라는 것입니다. 이들은 자기들이 천하를 호령하던 이 기간에 그 방탕한 남편들을 루시퍼 마왕의 발톱에서 3트와즈[2]나 아래인 지옥으로 떨어뜨린다고 하는 것입니다. 이들이 무서워서 남편들은 더 이상 하녀들과는 자지 않고 자기 부인에게로 되돌아가는 것입니다. 저의 말은 여기까지 입니다."

"수도사 마음대로 사순절의 제도를 해석하는 게 좋습니다. (에피스테몽이 말했다) 이런 일은 각자 자기 마음에 정한 대로 할 일입니다. 그러나 곧 있으리라고 생각되는 이 제도의 철폐[3]에 대해서 제가 아는 한,

---

1 라블레는 1551년 르망 근처의 생 크리스토프 뒤 장베 교회의 사제 직록(職祿)을 일평생 은인인 뒤 벨레 추기경에게서 받고 1553년 1월 9일에 그 직을 사임하였다.

2 약 6미터.

3 사순절 제도에 반대하는 종교개혁운동의 진전이나 이 제도의 시비를 의제로 채택한 트렌토공의회(1545년-1563년)의 일을 암유한다.

모든 의사들이 반대할 것이라고 그들에게서 들었습니다. 왜냐하면 사순절 제도가 없어지면, 그들의 의술이 멸시당하고 수입이 줄어들고, 병자가 없어지기 때문입니다. 사순절에 만병의 씨가 뿌려지게 됩니다. 그것은 모든 질병의 자연적 발생과 전염의 양성소입니다. 또한 사순절 제도가 육체를 부패시킨다면, 마찬가지로 영혼까지도 미친개처럼 만든다는 것을 여러분은 생각하지 않을 것입니다. 이 시기에 악마들이 애써 날뛰는 때입니다. 위선자들도 나타나고, 카고 위선자 사제들은 대집회를 열고, 많은 회의에 또 회의, 연속 설교, 면죄부, 참회 고해, 태형, 파문직서라고 소동을 핍니다. 그렇다고 저는 아리마스피안[1]들이 우리보다 뛰어나다고 주장하는 것은 아닙니다. 그냥 말이 그렇다는 것입니다."

"그런데 저기 꼬리치며 콧노래 부르는 프르동 수도사, 이들을 어떻게 생각하나요? 그는 이단자가 아닐까요?"

프르동 수도사 : 매우.
파뉘르쥬 : 화형에 처해야겠지요?
프르동 수도사 : 꼭.
파뉘르쥬 : 될 수 있는 한 빨리요?
프르동 수도사 : 좋아.
파뉘르쥬 : 완전히 삶는 건 아니지요?
프르동 수도사 : 아니.

1 '눈이 한 개인 사람들', 즉 일면족으로 고대인이 북방의 한 민족에게 준 명칭. 여기서는 애꾸의 신앙심 밖에 안 가진 이단자들, 특히 신교도들을 지칭한다.

파뉘르쥬 : 그럼 어떤 식으로요?

프르동 수도사 : 생으로.

파뉘르쥬 : 그 결과는 어떻게 되나요?

프르동 수도사 : 죽음.

파뉘르쥬 : 그가 당신을 너무 화나게 했기 때문인가요?

프르동 수도사 : 슬프도다!

파뉘르쥬 : 그는 누구라고 생각하나요?

프르동 수도사 : 미친 놈.

파뉘르쥬 : 광인이나 광견을 말하는 것입니까?

프르동 수도사 : 그 이상.

파뉘르쥬 : 어떻게 하기를 바라나요?

프르동 수도사 : 소각.

파뉘르쥬 : 몇 명 정도 태웠나요?

프르동 수도사 : 많이.

파뉘르쥬 : 이단자들이었나요?

프르동 수도사 : 조금.

파뉘르쥬 : 불태워죽이나요?

프르동 수도사 : 다수.

파뉘르쥬 : 그들을 용서하는 경우도 있나요?

프르동 수도사 : 없음.

파뉘르쥬 : 전부 다 불에 태우면 안 되지 않나요?

프르동 수도사 : 필요.

"나로서는 이 나쁜 거지 수도사를 상대로 무슨 재미로 당신이 따져 묻는지 모르겠네요. 게다가 당신이 날 잘 알지 못한다면 당신은 날 신통방통하게 생각하지 않았을 것 같은데요." 에피스테몽이 말했다.

"갑시다. 주께 맹세코, 난 기꺼이 이놈을 가르강튀아 왕께 데리고 가겠습니다. 정말 내 마음에 듭니다. 내가 결혼하면 그는 내 아내의 시종광대가 될 것입니다." 파뉘르쥬가 말했다.

"게다가 색광대!" 에피스테몽이 합성어 분류법을 써서 말했다.

"이번에는 가련한 파뉘르쥬, 자네가 술값을 챙겼네. 자넨 항문까지 오쟁이 지지 않을 수 없다고 하니 결코 도망갈 수 없겠지." 장 수도사가 웃으며 말했다.

제29장 우리가 사틴 나라를 방문한 일

프르동 수도사들의 새로운 종단을 즐겁게 구경한 우리는 이틀 동안 항해를 했다. 사흘째 날 우리 선장은 여러 섬들 가운데서도 가장 아름답고 매력적인 섬을 발견했다. 사람들이 그 섬을 프리즈 섬이라고 불렀는데, 모든 도로가 거친 방모사 직물 같은 벨벳으로 되어 있었기 때문이다. 이 섬에 궁중의 하인들 사이에서 그처럼 유명한 사틴[1] 나라가 있었다. 이 나라의 나무와 풀은 꽃이나 잎을 결코 떨어뜨리는 일이 없고, 무늬 피륙과 무늬가 있는 벨벳으로 되어 있었다. 짐승과 새들은 장식융단으로 짜여 있었다.

이 나라에서 우리는 여러 짐승과 새와 나무를 보았는데, 그 모양과 높이, 넓이, 색깔에 있어서는 다른 곳과 다른 바가 없지만, 그것들은 아무것도 먹지 않았고, 노래도 부르지 않았고, 우리나라의 짐승이나 새처럼 깨무는 일도 없었다. 또한 우리는 전에 본 일이 없었던 여러 가지 것들을 보았다. 나는 그 중에 다양한 크기의 코끼리[2]가 있는데, 특히 티베리우스 황제의 조카인 게르마니쿠스[3]의 시대에 조교사에 의해

1 수단(繡緞) 또는 단자(緞子).

2 16세기 유럽인들에게 코끼리는 진기한 동물로 앙리 4세 국왕이 최초로 코끼리를 입수하였다.

3 게르마니쿠스는 테베리우스의 조카이고, 유능한 무인·정치가로 네로의 조부이다.

서 로마의 극장에서 구경거리가 된 수코끼리 6마리와 암코끼리 6마리를 보았다. 학자 코끼리, 악사 코끼리, 철학자 코끼리, 무도 코끼리, 파반드[1] 무곡 춤 코끼리, 광대 코끼리로, 기분 좋게 테이블 위에 앉아 식당의 멋진 사제님들처럼 말없이 마시고 먹고 있었다. 모두 우리가 코끼리의 코라고 하는 약 1미터 정도의 긴 코를 하고 있는데, 그것으로 물을 퍼 마시거나, 종려나무 가지나 자두나 여러 종류의 음식물을 잡거나, 자기 몸을 방어하거나 적을 공격했다. 그리고 싸울 때는 사람들을 공중으로 높이 던져 떨어뜨리고 웃다가 죽게 만드는 것이었다. 그 코끼리들의 다리에는 관절과 마디가 있다. 이와 반대인 것을 쓴 자는 그림 코끼리밖에는 보지 못한 사람들이다. 이빨 사이에는 두 개의 큰 뿔이 있다. 유바 왕은 그것을 뿔이라고 부르고, 파우사니아스도 뿔이지 이빨이 아니라고 주장하고 있기 때문이다. 필로스트라토스[2]는 그것은 이빨이고 뿔은 아니라고 주장하지만, 나에게는 상관없는 일이다. 여러분은 이것은 상아라고 하고, 길이가 1미터 50센티미터나 2미터나 되고, 아래턱이 아니고 위턱에서 자란다는 것만 알면 된다. 여러분이 이와 반대되는 주장을 하는 사람들을, 게다가 그것이 거짓말의 대가 아엘리아누스라고 할지라도, 그의 말을 믿는다면 잘못 판단하게 될 것이다. 코끼리들이 밧줄 위에서 방울 소리에 맞추어 춤을 추거나 줄타기를 하거나, 연회 중에 테이블 위를 지나가면서 술을 마시는 손님

1 16-17세기 유행한 장중한 분위기의 춤.

2 플라비우스 필로스트라토스(170경-245경)는 아테네에서 공부했고, 202년 이후 철학을 좋아하는 시리아 출신의 로마 황후 율리아 돔나의 측근이 되었다. 그의 대표작으로 『김나스티쿠스』와 『소피스트들의 생애』가 있다.

들의 감정을 상하게 한 일이 없었다는 것을 플리니우스[1]가 본 것도 다른 나라가 아닌 이 나라에서였다.

나는 옛날 앙리 클레르베르[2]가 나에게 보여준 것과 같은 코뿔소를 보았는데, 내가 리모주에서 본 수퇘지와 거의 같았다. 그러나 이 코뿔소는 코에 50센티미터 정도 길이의 뾰족한 뿔을 하나 가지고, 그것으로 코끼리에게 덤벼들어 이것을 상대방의 아랫배를 (코끼리의 가장 연하고 약한 곳) 찔러 땅 위에 쓰러뜨려 죽여 버린 적이 있었다.

나는 그곳에서 32마리의 일각수도 보았다. 이 짐승은 놀랄 정도로 잔혹한 동물로 멋진 말과 비슷하게 생겼는데, 사슴 같은 머리, 코끼리 같은 발, 멧돼지 같은 꼬리를 갖고, 이마에 17자[3] 정도의 날카롭고 검은 긴 뿔 하나를 달고 있다. 보통 이 뿔은 암 칠면조의 계관처럼 밑으로 늘어져 있는데, 싸울 때나 이것을 무슨 일에 쓰려고 할 때에는 꼿꼿하게 곧게 세운다. 나는 그 중 한 마리가 다른 여러 가지 야수를 데리고, 그 뿔로 어느 샘을 청소하는 것을 보았다. 그래서 파뉘르쥬는 자신의 땅딸보는 길이로는 별 볼일 없지만, 힘과 성능에 있어서는 이 일각수와 같다고 나에게 말했다. 즉 그의 땅딸보는 일각수처럼 늪이나 샘물을, 그 속에 들어있는 오물과 독물로부터 정화시키고, 또 다른 동물들은 일각수의 뒤에서는 마음 놓고 물을 마셨는데, 이와 마찬가지로 파뉘르쥬 뒤에서 뒤지고 다녀도 괜찮고, 하감, 매독, 임질, 가래톳, 서

---

1 로마의 학자·작가로 그의 『박물지』는 백과사전적 저서로 중세까지 과학적인 문제에 있어 권위가 있다.

2 프랑수아 1세 국왕이 '선량한 독일인'이라 부르고 샤트라르 공의 귀족칭호를 준 독일의 부호로 리옹에 거주하며 자선사업을 하였다.

3 약 2미터.

혜선종, 그리고 그 밖의 다른 유사한 병에 걸릴 위험은 없었다. 왜냐하면 구멍에 해로운 독소가 있을 때는 근육의 뿔로 모든 것을 정화했기 때문이었다.

"자네가 결혼을 하면 우리가 자네 부인을 시험해 보기로 하지. 신의 사랑에 걸고서, 우리가 해롭지 않은 위생법을 가르쳐주었으니까." 장 수도사가 말했다.

"과연, 그래서 순식간에 뱃속으로 귀엽고 작은 천국행의 환약을 삼키게 되지. 그 약은 카이사르 식의 단도로 28번 찌르기로 조제한 환약이네." 파뉘르쥬가 말했다.

"그보다는 맛있고 시원한 술이라도 한 잔 마시는 것이 더 좋을 텐데." 장 수도사가 말했다.

나는 야손이 손에 넣은 황금양털도 보았다.[1] 멜라(Μηλα) 라는 말은 사과와 새끼 양을 의미하기 때문에 황금양털이 아니고, 황금사과라고 한 자들은 이 사틴 나라를 잘못 구경한 것이다.

나는 아리스토텔레스가 기록한[2] 그대로의, 론 강에 접하고 있는 리옹 시의 명의 샤를 마레[3]가 이따금 보여준 것과 같은 카멜레온 한 마리를 보았는데, 공기만으로 살고 있었다.

나는 전에 다른 곳에서도 본 적이 있었던 히드라 3마리를 보았다. 이들은 각각 7개의 서로 다른 머리를 가진 뱀이다.

---

1 아르고라는 거선에 부하와 함께 승선하고 부친과 국민을 위해서 '황금모'를 찾으러 나가 이것을 손에 넣었다는 그리스 옛날이야기이다.

2 『동물론』 제 2권 제11장.

3 실존인물로 라블레가 1535년 2월 23일 리옹의 시립병원을 사임할 때 그 후계자가 되려고 청원한 세 의사 가운데 한 사람으로 진기한 동물을 애육(愛育)하였다.

나는 불사조 14마리를 보았다. 여러 작가들의 책에서 읽은 것이지만, 전 세계에 한 세기에 한 마리밖에는 없다고 한다. 그러나 나의 편협한 생각에서 이런 것을 쓴 사람들은 전혀 피르미움의 락탄티우스라 할지라도 이 타피스리의 나라가 아닌 그 밖의 다른 나라에서 본 것이었다.

나는 아풀레이우스의 황금 당나귀의 가죽도 보았다.

나는 펠리컨 3백 9마리, 줄을 지어가서 보리밭 속의 메뚜기를 게걸스럽게 잡아먹는 극락조 6천 16마리, 시나몰기 새, 아르강틸레스 새, 카프리뮐기 새, 틴논퀼리 새, 크로토노테르 새, 게다가 큰 목구멍을 가진 오노크로탈 새, 스팀팔리데스 새, 하르피아 새 서너 마리 등, 표범, 가젤, 영양, 비비狒狒, 사티로스, 카르타손, 순록, 들소, 물소, 천마, 케피, 네아데스, 프레스테르, 아프리카 산 꼬리 긴 원숭이, 비종, 비튀르, 오피르, 스트리게스, 독수리 서너 마리를 보았다.

나는 8월 중순과 3월 중순에 등자鐙子 역을 시키고 말을 타고 있는 사순절 중순[1]이나, 루 가루, 켄타우로스, 호랑이, 표범, 하이에나, 기린, 영양을 보았다.

나는 그리스인들이 에키네이스라고 부르는 작은 물고기 빨판상어가 큰 배 곁에 있는 것을 보았는데, 그 배는 먼 바다에서 돛에 가득 바람을 받고도 움직이지 않았다. 바람에 거슬러 매우 작은 물고기가 막고 있는 저 배는 폭군 페리안데르[2]의 배라고 생각한다. 무티아누스가 이런 것을 본 것은 바로 이 사틴 나라에 있어서이지 다른 나라에서는

1 정진결재의 중간에 하루 허용된 포식안락일.

2 코린트(그리스 본토의 남부와 펠로폰네소스 반도에 걸쳐 있는 주)의 왕.

아니었다. 장 수도사가 우리에게 말하기를 법원의 여러 법정에 옛날 두 종류의 물고기가 군림하고 있었는데, 이들 물고기가 귀족, 평민, 빈자, 부자, 위대한 자, 작은 자 등 모든 소송인들의 육체를 부패시켜 그 영혼을 화나게 했다는 것이다. 첫째 종류의 물고기는 4월의 물고기, 즉 고등어이고, 둘째 물고기는 독이 있는 빨판상어인데, 소송은 영원히 계속되어 최종 판결은 내려지지 않게 되었다.

이 나라에서 나는 몇 마리의 스핑크스, 재칼, 스라소니, 앞다리는 사람의 손 같고 뒷다리는 사람의 다리 같은 케페우스들, 크로퀴테들, 하마처럼 크고 코끼리 같은 꼬리와 멧돼지 같은 턱과 당나귀의 귀처럼 자유롭게 움직이는 뿔을 가진 에알리들을 보았다. 미르발레의 당나귀 정도의 크기에 매우 몸이 날쌘 짐승 퀴크로퀴테는 사자 같은 목과 꼬리, 가슴과 사슴 같은 다리와 귀까지 찢어진 입을 지니고 있고, 윗니도 하나 아랫니도 하나밖에 없었다. 이 짐승들은 인간의 소리로 말하지만 이때는 한 마디 말도 하지 않았다.

여러분은 큰 매의 둥지는 보지 못했다고 하지만 나는 정말로 11개나 보았다. 이 점을 명심해 주기 바란다.

나는 왼손잡이용 미늘창도 보았는데 다른 곳에서 본 적이 없는 것이었다.

나는 매우 괴기한 짐승, 망티코르들도 보았다. 이 짐승들은 사자 같은 몸과 붉은 털, 사람 같은 얼굴과 귀를 가지고 있고, 이빨이 세 줄로 되어 있어 마치 여러분이 열 손가락을 깍지 낀 것처럼 서로 엇갈려 있었다. 꼬리에는 가시가 자라 그것을 전갈처럼 찔렀는데 소리는 매우 듣기 좋았다.

나는 작은 몸집을 한 야수 카토블레파스[1]를 몇 마리 보았는데, 머리가 너무 커서 균형이 잡히지 않을 정도로, 땅에서 그것을 들기가 몹시 힘들어 보였다. 이 야수는 독을 품은 눈을 가지고 있어, 그 눈을 본 사람은 흘끗 보기만 해도 사람을 죽인다는 괴상한 뱀을 본 것처럼 그 자리에서 즉사하였다.

나는 등이 두 개 있는 짐승도 서너 마리 보았는데, 놀라울 정도로 즐겁게 보이고, 꼬리를 계속 움직이는 할미새보다 더 연방 엉덩이를 흔들고 있었다.

나는 젖이 나오는 가재를 보았는데 다른 곳에서는 단 한 번도 본 일이 없었다. 이 가재들이 멋지게 줄을 지어 걷고 있는 것을 보니 매우 보기 좋았다.

---

1 그리스 로마신화에 등장하는 괴물로, 물소의 몸, 하마의 다리, 멧돼지의 머리를 하고 있다. 카토블레파스는 그리스어로 '고개 숙인 자'라는 뜻이다.

제30장 우리가 사틴 나라에서 증언학교를 경영하는 위 디르 선생을 만난 일

이 타피스리의 나라를 조금 지나가자 지중해가 보였는데, 그곳은 깊은 바다 아래까지 펼쳐지고 노출되어서, 그 모습이 에리트레우스 바다가 이집트를 탈출한 유다인들에게[1] 통로를 만들어주기 위해 아라비아의 바다에서 바다 아래를 보여준 때처럼 같아 보였다. 거기서 나는 큰 소라고등을 부는 트리톤[2]과 글라우쿠스[3]와 프로테우스[4]와 네레우스[5]와, 그 밖에 다른 해신과 괴물들을 보았다. 또한 우리는 여러 종류의 물고기가 춤추며, 날며, 뛰며, 싸우며, 먹고, 숨 쉬고, 교미하고, 먹이를 따라가고, 소규모 교전을 하고, 매복을 하고, 싸움을 멈추고, 휴전하고, 협상을 하고, 저주하고, 뛰노는 것을 보았다.

그 옆의 구석에 등잔을 하나 든 아리스토텔레스의 모습이 보였는데[6],

1 구약성경 「출애굽기」 14-15장에 의거한 것으로 모세가 인도하는 유다인들(이스라엘인)이 홍해를 건너지 못하면 섬멸하게 될 때 홍해가 둘로 갈라졌다.

2 넵투누스의 아들로 해신.

3 해신이 된 어부의 이름.

4 바다의 노인으로 포세이돈의 종자(從者).

5 해신 오케아노스의 아들로 해신 넵투누스의 양을 지켰는데, 그의 예언과 변신은 매우 유명하다.

6 아리스토텔레스가 천지만물의 사상(事象)에 대해서 논한 것을 말한다.

그림에 그려진 크리스토포루스[1]의 곁에 있는 은자와 같은 모습을 하고, 모든 것을 곁눈으로 보거나 유심히 주시하여, 이것으로 글짓기를 하고 있었다. 그의 뒤에는 호위병들처럼 몇 명의 다른 철학자들이 있었다. 압피아누스[2], 헬리오도루스, 아테나에우스, 포르피리오스, 아르카디아의 판크라테스, 누메니우스, 포시도니우스, 오비디우스, 옵피아누스, 올림피우스, 셀레우코스, 레오니데스, 아가토클레스, 테오프라스토스, 데모스트라투스, 무티아누스, 님포도루스, 아엘리아누스, 그 밖에 다른 한가한 5백 명의 사람이 있었다. 한가하기로는 크리십푸스[3]나 솔리의 아리스타르코스[4]가 유명하며, 아리스타르코스는 58년 동안 꿀벌의 활동을 바라보는 일 이외에는 아무것도 하지 않고 지냈다고 한다. 그들 중에서 나는 피에르 질[5]이 있는 것을 알았는데, 그는 이 아름다운 물고기들의 오줌을 바라보며 심사숙고하고 있었다.

이 사틴 나라를 오랜 시간 구경을 하고 팡타그뤼엘이 말했다.

“난 이 나라에서 오랫동안 눈요기를 했는데 내 배를 한 번도 부르게 하지는 못했네. 위가 배고픔으로 마구 짖어대는군.”

“식사를 하십시오. 식사를 하시죠. 저기 위쪽에 매달려 있는 아나캄프세로트[6]의 맛을 한번 보시지요. 아니! 정말 신통치가 않네요.” 내가 말했다.

---

1 3세기 시리아 태생의 순교성자.

2 이하 열거된 이름은 고대의 유명·무명의 철학자와 박물학자들이다.

3 고대 박물학자.

4 고대 박물학자.

5 프랑수아 1세 때 그리스를 여행하고 어류 연구를 한 프랑스 철학자이자 박물학자이다.

6 플리니우스에 의하면 최음제 식물이다.

그래서 나는 타피스리 끝에 걸려 있던 미로발랑 열매를 서너 개 땄다. 그러나 나는 씹을 수가 없었고, 여러분이 그 맛을 본다면, 엉킨 비단실의 맛이라고 말할 수 있겠지만 솔직히 어떤 맛도 없었다. 헤리오가발루스 왕[1]도 이 나라의 본을 떠서 교황칙서와 닮은 칙령을 내리고, 오랫동안 식사를 제공받지 못한 사람들을 위한 술잔치를 벌이기로 한 것 같았으나, 이번에는 호화롭고 풍요로운 황제 식의 연회석을 마련해 주겠다고 약속하고, 밀랍 세공, 대리석, 도자기로 된 음식, 그림에 그린 음식을 있지도 않은 테이블에 얹어놓고 그들에게 먹인 것이다.

따라서 우리는 어떤 먹을 만한 음식이라도 없나 하고 이 나라를 찾아 다녔는데, 시끄러운 여러 가지 소리가 들려왔다. 그것은 여자들이 빨래를 할 때 나는 툴루즈 근처 바자클[2]의 방앗간의 빨래 방망이와 같은 소리였다. 더 이상 그곳에 머물러 있을 수 없기에 우리가 소리가 나는 곳에 가보니, 기묘한 체격을 한, 괴물 같은 한 키 작은 꼽추 노인이 있었다. 그는 위 디르 선생이라는 분이었다. 그는 귀까지 찢어진 입을 하고, 입 속에는 혀가 7개 있었고, 그 혀는 7군데로 가라져 있었다. 그럼에도 불구하고 그 7개 혀를 다 사용해 여러 가지 이야기와 여러 가지 말을 동시에 구사했다. 옛날에 아르고스[3]가 가지고 있었던 눈과 같은 수의 귀를 머리에서 그 몸 전체에 가지고 있었고, 게다가 장님에다 다리는 중풍을 앓고 있었다.

1 5세기 로마황제로 잔인하고 음란하기로 유명하다.

2 가론(프랑스 중남부) 강변의 마을로 12세기부터 큰 수차(水車)가 있었다.

3 그리스 로마신화에서 전신에 눈을 가진 거인으로 헤르메스(메르쿠리우스)에게 죽고 공작새로 변신한다.

이 선생의 주위에 수많은 남녀들이 귀를 기울이고 주의 깊게 듣고 있는 것을 나는 보았다. 이들 무리에서 몇 명의 멋진 얼굴을 한 자도 보였는데, 그 중 한 사람은 그 때 한 장의 세계지도를 가지고 여러 가지 짧은 격언 등을 말하면서, 그들에게 이것을 간단히 설명하고 있었다. 일행은 그 때문에 잠시나마 학자나 박식한 사람이 되어 놀라울 정도의 많은 것을 잘 기억하고 우아하게 말할 수 있었다. 이처럼 많은 지식의 5분의 1이라도 기억하려면 일평생 동안에도 충분하지 않을 정도였다. 피라미드에 관한 것, 나일 강에 관한 것, 바빌론에 관한 것, 트로글로디타에에 관한 것[1], 히만토포데스에 관한 것, 블렘미아에 관한 것, 피그미에 관한 것, 카니발에 관한 것, 히페르보레 산맥에 관한 것, 에지파네스 족에 관한 것, 모든 악마에 관한 것 등에 대해서였는데, 이것은 모두 위 디르 선생의 덕분에 알게 된 것이다.

적어도 내 생각으로 내가 거기서 만난 사람은 헤로도토스[2], 플리니우스[3], 솔리누스[4], 보로수스[5], 필로스트라토스[6], 멜라[7], 스트라본[8]과, 그 밖에 많은 고대인들인데, 도미니크회 수도사인 대 알베르[9], 피에르 테

1 이하 플리니우스가 기록한 괴기한 생태를 가진 민족이나 신비로운 산.

2 이하 모두 고대의 역사가, 지지학자들이다.

3 고대 로마의 박물학자, 정치인, 군인이다. 로마 제국의 해외 영토 총독을 역임하는 한편, 자연계를 아우르는 백과사전 『박물지』를 저술했다.

4 3세기 지지학자.

5 3세기 지지학자.

6 3세기 철학자.

7 43년 바에티카 틴겐테라에서 활동한 지리학 저술가.

8 고대 그리스의 지리학자, 역사가, 철학자.

9 아리스토텔레스학파의 철학자로 마술비법에 능통했다. 도미니크 파에 속했기 때문에 '자코뱅 수도사'라고도 불리었다.

므왱[1], 교황 피오 2세[2], 볼라테라누스[3], 용감한 사람 파울로 조비오[4], 자크 카르티에[5], 아르미니아의 샤르통[6], 베네치아의 마르코 폴로[7], 루도비코 로마노[8], 페드로 알바레스[9], 그 밖에 많은 현대 역사가들이었으며, 한 장의 타피스리 뒤에 숨어서 남몰래 여러 가지 사건을 쓰고 있었다. 그러나 이 모든 것이 다 위 디르 선생의 덕분이었다.

위 디르 선생의 옆의 박하잎 무늬가 있는 한 장의 벨벳 뒤에 많은 페스슈와, 메엔 출신의 성실하고 젊은 학생들이 있는 것을 보았다. 어느 대학에서 공부하고 있느냐고 묻자, 다음과 같이 대답했다. 이 학생들은 젊어서부터 여기서 증인이 되는 법을 배우고 있는 중이어서, 그 분야에 정통하여 그들 고향에 돌아가면 증언업으로 바른 생활을 하고, 일당을 더 주는 사람들에게는 모든 일에 대해서 더 확실한 증언을 하고 있다는 것이었는데, 이것도 다 위 디르 선생의 덕분이었다. 이런 일에 대해서 여러분 마음대로 말하기 바란다. 그러나 그들은 우리에게 빵을 몇 조각 주었고 술통까지 내주어 우리는 충분히 술을 마시기도 했던 것이다. 그리고 그들은 우리가 제후의 궁전에서 일하고 싶다면, 진실을 가능한 한 소중하게 잘 간직해 두어야 한다고 진심으로 가르쳐주었다.

1 15세기 이탈리아 역사학자이자 지지학자 피에르 마르티르.

2 1458-64년 재위한 박식한 지지학자.

3 지지학자이자 고전학자.

4 지지학자로 알려진 이탈리아 코미의 주교.

5 프랑스의 16세기 탐험가로 캐나다 발견하였다.

6 독일의 13세기 탐험가.

7 베네치아 태생의 유명한 동양탐험가.

8 16세기 동양탐험가.

9 1500년 브라질을 발견한 포르투갈인.

제31장 우리가 랑테르누아 나라를 발견한 일

사틴 나라에서 사람대접도 받지 못하고 식사도 제대로 하지 못한 우리는 3일간 항해를 했고, 나흘째 날 이른 아침에 랑테르누아[1] 나라에 근접했다. 가까이 다가가서 보니 바다 위에 몇 개의 작은 불이 날고 있었다. 이것은 제등이 아니고 번쩍이는 혀로부터 바다로 불을 뿜어내는 물고기나, 아니면 여러분이 반디벌레라고 하는 개똥벌레가 우리 고향에서 보리가 익을 무렵이 되면 밤에 번쩍이는 것처럼 거기서 번쩍이고 있는 것이라고 생각했다. 하지만 선장이 우리에게 가르쳐준 것처럼, 이것은 감시하는 제등이고, 이 나라의 교외 주변을 살피고, 선량한 성 프란체스코 수도사나 도미니크회 수도사처럼 지방종문회의에 참석하러 가는 외국의 초롱 경호 역할을 맡고 있는 것이었다. 이것이 무슨 폭풍우의 전조가 아닌가를 걱정했지만 선장이 언제나 있는 일이라고 우리들을 안심시켰다.

1 등불나라의 뜻을 갖고 있다.

제32장 우리가 리크노비앙들의 항구에 상륙하여 랑테르누아 나라에 들어간 일

우리는 곧바로 랑테르누아 나라의 항구에 들어갔다. 거기서 팡타그뤼엘은 높은 탑 위에 라 로셸의 등불[1]이 비치고 있는 것을 알았는데, 그 제등이 우리를 잘 비춰주고 있었다. 우리는 파로스와 나우플리아와, 또 팔라스 신에게 바쳐진 아테네의 아크로폴리스[2]의 등불도 보았다. 항구 근처에는 리크노비앙[3]들이 살고 있는 작은 마을이 있는데, 이들은 우리나라에서 조수사助修士들이 수녀들 덕분에 먹고 살듯이 제등 덕분에 살고 있고 착하고 근면한 사람들이었다. 옛날 데모스테네스[4]도 여기서 시간을 보낸 적이 있었다. 이곳에서 궁전까지 오벨리스콜리크니 세 사람이 우리를 안내했는데, 그들은 항구의 경비병들로 알바니아인들처럼 높은 모자를 쓰고 있었다. 우리는 그들에게 우리가 여행을 떠난 이유와 계획을 설명했는데, 우리의 계획이란 술병 신의 신탁을

1 라 로셸(프랑스 남서부) 항 성벽 남쪽에 15세기말에 세운 탑이 있는데, 그 위에 불을 피워 등대로 삼았다.

2 파르테논 신전이 있는 아테네의 아크로폴리스는 해발 150m 높이에 꼭대기가 평평한 바위 언덕 위에 자리 잡고 있으며, 2007년 유럽 건축물 문화유산목록에서 중요기념물로 공식 지정되었다.

3 등명인(燈明人)으로 초롱불빛으로 사는 사람을 일컫는다.

4 고대 그리스의 유명한 웅변가로 아테네 시민을 선동해 마케도니아 왕 필리포스와 그의 아들 알렉산드로스 대왕에 대항하도록 만든 인물이다.

받기 위해서 이 여행이 지속되는 동안 우리를 비추고 이끌어줄 제등을 랑테르누아 나라 여왕에게서 받고자 함에 있었다. 그들은 기꺼이 우리 뜻이 이루어질 수 있도록 해보겠다고 약속하고 덧붙여 말했다. 즉 우리는 알맞은 때에 맞춰 이곳에 도착한 것이고, 제등들이 지방종문회의를 열고 있는 때라 마음에 드는 제등을 얼마든지 선택할 수 있다는 것이었다.

왕궁에 도착하자 우리는 두 의전계의 제등, 즉 아리스토파네스 제등과 클레안테스 제등에 의해서 여왕에게 소개되었는데, 파뉘르쥬는 랑테르누아 나라말로 우리가 여행을 떠난 이유를 간략하게 설명했다. 우리는 여왕의 환대를 받고 여왕의 만찬에 초대되었는데, 우리가 길라잡이로서 필요하다고 생각되는 것을 더 쉽게 선택하도록 하기 위한 계획에서였기 때문이었다. 이것은 충분히 우리의 마음에 들었고, 우리는 랑테르누아 나라 사람들의 거동과 의상, 몸가짐뿐 아니라, 요리의 순서까지도 주의 깊게 정성껏 하나도 빠뜨리지 않고 기록하고 관찰했다.

여왕은 커다란 금강석을 다마스커스 식으로 아로새긴 상감세공의 투명한 수정을 달고 있었다. 혈족인 랑테르느들은 어떤 사람은 인조보석을, 어떤 사람은 투명한 돌을 입고, 그 밖의 나머지 랑테르느들은 뿔이나 종이나 방수포를 입고 있었다. 큰 등들도 그 가문의 유서에 따라 옷을 입고 있었다. 다만 나는 단지처럼 흙으로 만든 랑테르누아 한 명이 가장 우아한 자들과 같은 줄에 서있는 것을 보았다. 이 때문에 깜짝 놀랐는데, 이것은 에픽테토스의 제등으로 옛날에 3천 드라크마[1]를

1 고대 그리스 은화.

내겠다고 해도 거절했다는 것이었다.

나는 주의 깊게 마르티알리스[1]의 다심제등과 티시아스의 딸 카노페[2]에 의해서 성스러운 것으로 간주된 20심 제등의 형상과 옷을 바라보았다. 나는 거기서 거는 제등도 잘 관찰했는데, 이것은 옛날 테베의 팔라티누스 아폴로 신전[3]에서 가져온 것으로, 그 후 정복자 알렉산드로스에 의해서 아에올리아의 키메에 옮겨진 것이었다. 나는 머리 위에 붉은 비단으로 멋진 방울장식술을 붙여서 눈에 잘 띄는 다른 제등도 보았다. 이것이 법학등인 바르톨루스[4]라는 것을 그의 말을 듣고 알게 되었다. 이와 마찬가지로 두 명의 눈에 잘 띄는 랑테르느를 주목했는데, 그것은 허리에 매달고 있는 관장기의 주머니 때문이었고, 사람들의 말로는 한 명은 약제사의 대광명이고, 다른 한 명은 소광명이라는 것이었다.

저녁만찬의 시간이 되자, 여왕은 첫 번째 좌석에 앉고, 뒤이어 다른 자들은 각자 서열에 따라 자기 자리에 앉았다. 그들에게 첫 번째 상으로 틀에 굳혀진 굵은 양초가 나왔는데, 여왕에게는 예외적으로 끝이 좀 붉고, 불꽃이 활활 타오르는 굵고 단단한 흰 초의 횃불이 하나 바쳐졌다. 혈족의 랑테르느들에게는 똑같은 것이 나왔으며, 다른 랑테르

---

1 로마의 풍자 시인으로 그의 작품 중에 '심지가 많은 양등'이라는 풍자시가 있다.

2 칼리마소스의 한 풍자시에 '크리티아스의 딸이 원을 세워 카노푸스신에게 20개의 심지가 달린 등을 바치다'라는 내용을 담고 있다.

3 지중해의 여러 곳에 세워졌다. 가장 유명한 곳은 그리스 델포이이지만, 델로스 섬이나 고대 리키아의 크산토스, 로마 폼페이, 고린도 등지에도 아폴로 신전들이 세워졌다.

4 이탈리아 태생의 법학자로 로마법의 해석(解釋)에 의해 근세법학의 개조가 되었고, 그에게 '민법의 양등'이란 별명이 붙었다.

누아는 별도의 것으로, 미르발레의 시골 랑테르누아에는 호두양초가 한 개, 푸아티에 지방의 시골 밀초에는 무늬가 든 양초가 하나 주어졌는데, 이들은 각자 심지에서 멋진 빛을 비추고 있었다. 여기서 한 개의 큰 랑테르누아의 감독 하에 있는 몇 명의 젊은 랑테르누아는 이례적이었다. 그들은 다른 사람들과 마찬가지로 빛을 내지 않고 약한 불빛을 지니고 있었던 것처럼 생각됐다.

만찬이 끝난 후 우리는 휴식을 취하기 위해 자리를 물러났다. 다음날 아침 여왕은 가장 특별한 것 중에서 우리의 길을 인도해줄 제등을 하나 골라주었다. 그리고 우리는 작별했다.

제33장 우리가 술병 신의 신탁의 섬에 도착한 일

우리 일행은 고귀한 랑테르느가 길을 비추는 대로, 그 제등의 인도를 받으며 매우 즐거운 마음으로 그토록 열망했던 섬에 도착했는데, 이 섬에서 술병 신의 신탁을 받기로 되어 있었다. 파뉘르쥬는 육지에 다다르자 용감무쌍하게 한발로 뛰며 팡타그뤼엘에게 말했다.

"오늘 우린 힘든 일을 하고 수고한 끝에 찾던 것을 갖게 되었습니다."

그리고는 우리의 랑테르느에게 예의바르게 인사를 했다. 랑테르느는 우리 모두에게 예기치 않은 어떤 일을 겪을지라도 희망을 갖고 조금도 두려워해서는 안 된다고 말했다.

술병 신의 신전에 다가가기 위해서 여러 종류의 포도나무가 심어져 있는 넓은 포도밭을 지나가야만 했는데, 그 포도는 팔레르늄, 말부아시아, 무스카데, 타비아, 보온, 미르보, 오를레앙, 피카르당, 아르부아, 꾸시, 앙주, 그라브, 코르시카, 베롱, 네락과 그 밖의 산지의 것이었다. 이 포도밭은 옛날 선량한 바커스가 큰 축복을 내려 심은 것이어서, 사계절 내내 잎이 무성하고 꽃이 피고 열매를 맺어, 쉬렌의 오렌지 밭과 같았다. 우리의 랑테르느는 1인당 3송이를 먹고, 구두 속에 포도나무 가지를 넣고, 왼손에는 녹색 가지를 들도록 권했다. 포도원 밖에서 낡은 궁형의 문을 통과했는데, 여기에 한 술꾼의 기념비가 예쁘게 새겨져 있었다. 한 곳은 단지와 가죽단지, 술병, 유리병, 술통, 작은 통, 항아리, 파인트, 고대 항아리 단지들이 포도덩굴에 걸린 것처럼 긴 줄로 새겨져 있었다. 다른 곳에서 수많은 마늘, 양파, 염교, 햄, 어란 젓, 치즈과자, 훈제 소혀, 오래된 치즈, 포도나무 가지를 얽어 넣은 과일찜 같은 것이 새겨져 있었지만, 이들 모두 포도나무의 굵은 덩굴로 기발한 방식으로 묶여져 있었다. 다른 곳에는 몇 백 개인지 알 수 없는 많은 여러 가지 모양의 술잔이 새겨져 있는데, 다리가 달린 술잔도 있고, 말이 달린 술잔도 있고, 작은 술잔, 고대 술잔, 굽 달린 큰 술잔, 사발, 주발, 공기, 찻잔 등 주신 바커스의 도구류였다. 이 궁형의 프리스 장식 아래에 다음과 같은 2행시가 있었다.

여기 이 비밀 문을 지나갈 때에는
좋은 등불을 준비하라.

"여기에 대해서 우린 완벽하다고 할 수 있지. 왜냐하면 누가 뭐라고 해도 랑테르누아 전 지역에서 우리의 랑테르느보다 더 뛰어나고 더 신성한 랑테르느는 없기 때문이지." 팡타그뤼엘이 말했다.

이 홍예문 앞쪽에는 아름답고 폭이 넓은 정자가 있는데, 그것은 7개의 포도나무로 만들어져 있었고, 5백 가지의 색깔과 5백 가지의 다양한 모양을 한 포도로 장식되어 있었다. 농업기술에 의해서 이처럼 만들어진 것으로, 황, 청, 갈색, 유리, 백, 흑, 녹, 보라, 잡색, 여러 색깔이 길고, 둥글고, 삼각, 음낭 모양, 관 모양, 둥근 머리, 무성한 풀 등 모양도 여러 가지였다. 이 정자의 출구는 세 개의 오랜 된 담쟁이덩굴로 가려져 있는데, 너무 무성해서 축 늘어지고 고리 같은 열매가 달려 있었다. 거기서 우리의 고명한 랑테르느는 각자가 이 담쟁이덩굴로 알바니아 식의 높은 두건을 만들어 머리에 푹 눌러쓰도록 권했다. 바로 그 자리에서 말한 대로 했다.

"옛날에 유피테르의 신관은 이 정자 밑을 이런 식으로 지나가지는 않았을 것이네." 팡타그뤼엘이 말했다.

"이렇게 하는 것은, (우리의 빛이 찬란한 랑테르느가 말했다) 비의적인 근거에 의해서입니다. 왜냐하면 이곳을 지나가면 머리 위에 포도주의 술기가 넘쳐서 감정이 억제되고 지배되어 버리기 때문입니다. 이것은 신성한 것의 관조에 몸을 맡기고 헌신하는 신관들이나, 모든 사람들은 그 정신을 평온하게 지녀야 하며, 모든 감각의 혼란밖에 있어야함을 가르쳐주는 것입니다. 말하자면 이런 혼란은 세상의 어떠한 정욕에서보다도 취기에서 더 명백히 나타나는 것입니다."

"마찬가지로 여러분은 고귀한 신관 바크뷔크[1]가 각자의 구두에 포도나무 가지가 가득 들어 있는 것을 보지 않는 한, 이 푸른 잎의 정자 밑을 지난다고 해도 술병 신의 신전에 들어갈 수 없을 것입니다. 구두에 포도나무 잎이란 먼저의 경우와는 완전히 상반되는 것으로, 포도주가 여러분 각자에 의해서 경멸되고 각자에게 짓밟혀 굴복했다는 것을 명백하게 나타내는 것입니다."

"난, (장 수도사가 말했다) 많이 배우지 못해서 화가 납니다. 그러나

1 술병의 소리 또는 술을 따르는 소리로 『팡타그뤼엘 제 4 서』 제 1 장에서는 '술병 신' 또는 '주신(酒神)'과 동일시된다.

나의 기도서에는 이런 것이 씌어 있습니다. 「계시록」[1]에는 달을 밟은 한 여성의 모습이 보이지만 찬탄할 만한 일로 되어 있다고 씌어 있습니다. 이것은 비고[2]의 설명에 의하면, 이 여성은 다른 여성들과는 종족도 천성도 달리한다는 것을 뜻하는 것 같지만, 이 세상의 여성들도 모두 이와 반대로 머릿속에 달을 가지고 있고, 결국 그 뇌수는 항상 달처럼 변덕스럽습니다. 이렇게 생각하니 당신 말이 진실임을 쉽게 알 수 있습니다. 친애하는 나의 랑테르느의 부인이여.[3]"

---

1 신약성경 「요한계시록」 12장 1절 말씀으로 '하늘에 큰 이적이 보이니 해를 입은 한 여자가 있는데 그 발 아래에는 달이 있고 그 머리에는 열두 별의 관을 썼더라.' 아브라함 언약의 성취로서의 선민 이스라엘을 의미하며 영적인 교회도 상징한다.

2 앞 제18장에서 언급된 기욤 비고는 기욤 드 랑제 공(公)에게 헌사한 철학 작품을 남겼다.

3 팡타그뤼엘 일행의 안내를 맡은 랑테르느는 남성인지 여성인지 분명하지 않지만 '제등(lanterne)'이라는 단어는 여성명사이다.

제34장 우리가 술병 신의 신전에 들어가기 위해 지하로 내려 간 일과, 쉬농이 세계 제일의 마을이라는 것

우리가 석고를 두껍게 바른 아치문을 통해 지하로 내려갔는데, 이 문 바깥쪽에는 여러 여인과 사티로스들이 춤을 추고 있고, 그 옆에는 당나귀를 타고 웃고 있는 늙은 실레누스[1]의 그림이 다소 투박하게 그려져 있었다. 내가 팡타그뤼엘에게 말했다.

"이 입구를 보니 세계 제일 가는 마을에 있는 동굴이 생각납니다. 저기에도 같은 그림이 있는데 이 또한 차갑게 느껴집니다."

"자네가 말하는 세계 제일의 마을은 어딘가?" 팡타그뤼엘이 물었다.

"투렌 지방의 쉬농[2], 혹은 케이농의 마을입니다." 내가 대답했다.

"난 쉬농이 어디에 있는지 알고 그 동굴도 알고 있네. 거기서 시원한 포도주도 많이 마셨고, 쉬농 마을은 그 가문家紋이 증명하는 것처럼, 유서 깊은 마을인 것은 두 말할 나위 없네. 이런 문장紋章이 있었기 때문이지." 팡타그뤼엘이 말했다.

---

1 사티로스와 마찬가지로 산야에 사는 정령으로 말의 귀, 또는 다리와 꼬리를 가진 털 많은 노인의 모습으로 묘사되고 있다. 주신 바쿠스의 종자(從者), 또는 사티로스들의 아버지로도 여겨진다. 그리스 시대에는 술을 좋아하고 음악을 사랑한 노인이라는 속성이 지배적이다.

2 라블레의 양친의 집이 있었던 프랑스 중부 투렌 서쪽 지방 마을.

두 번 또는 세 번, 쉬농이다.
마을은 작아도, 이름 높고,
유서 깊은 바위 위에 세워져
위로는 숲이 있고, 아래에는 비엔나 강이 있다.

"그런데 왜 쉬농이 이 세상에서 제일가는 마을일까? 자넨 어떤 책에서 그런 것을 읽었는가? 무슨 추정할 만한 것이라도 있나?"

"사실, (내가 말했다) 성서에는 카인이 처음으로 마을을 만든 사람이라고 씌어 있습니다.[1] 따라서 첫 번째 마을을 그 이름을 따서 케이농이라고 이름 지은 것은 사실 같지만, 그 이후 이것을 본떠서 마을을 만들거나 새로 세운 다른 사람들도 모두 자기들의 이름을 붙이게 된 것입니다. 아테네(그리스어로 미네르바를 이렇게 말함)는 아테나이로, 알렉산드로스는 알렉산드리아로, 콘스탄티누스는 콘스탄티노플리스로, 폼페이우스는 킬리키아의 폼페이오폴리스로, 하드리아누스는 하드리노플리스로, 가나안은 가나안 사람으로[2], 사바는 사바에 사람으로, 앗수르는 앗시리아 사람으로 하는 식이어서, 프톨레마이오스도, 케사레아도, 티베리움도, 유대 나라의 헤로디움도 다 같습니다."

우리가 이런 소소한 이야기를 하고 있을 때, 술병 신의 총대관인 큰 유리병 (나의 랑테르느 부인은 이것을 불꽃이라고 불렀다.) 이 신전의 위병에게 호위를 받으며 나왔는데, 이 병사들은 모두 프랑스제의 작은

---

1 구약성경 「창세기」 제4장 17절, '... 가인이 성을 쌓고 그의 아들의 이름으로 성을 이름하여 에녹이라 하니라.'

2 구약성경 「창세기」 제10장 18절, '아르왓 족속과 스말 족속과 하맛 족속을 낳았더니 이 후로 가나안 자손의 족속이 흩어져 나아갔더라.'

병들이었다. 이 사람은 내가 이미 말한 것처럼, 우리가 바커스의 지팡이를 들고 담쟁이덩굴의 관을 쓰고 있는 것을 보고, 우리의 탁월한 랑테르느의 모습도 인정하고, 우리를 안전하게 안으로 안내하고, 술병신의 여관女官이자 모든 신비의 신관인 바크뷔크 여왕 곁으로 우리를 안내하도록 지시하여, 그 일이 그대로 진행되었다.

제35장 우리가 성사수 계단을 내려간 일과, 파뉘르쥬가 공포에 사로잡힌 일

그 다음 우리는 대리석 계단을 한 계단 더 내려가 지하로 내려갔는데, 거기에 층계참이 있었다. 왼쪽으로 돌아 다시 두 단을 내려가자, 거기에도 같은 층계참이 있었다. 또 다시 왼쪽으로 돌아 세 번째 단을 내려가니 똑같이 층계참이 있고, 또 거기서 네 번째 단을 내려왔다.

그때 파뉘르쥬가 물었다.

"여기 이건 무엇입니까?"

"계단이 몇 개였는지 세어보셨습니까?" 관후한 랑테르느가 물었다.

"하나, 둘, 셋, 넷." 팡타그뤼엘이 대답했다.

"계단의 수는 몇 개입니까?" 랑테르느가 물었다.

"열." 팡타그뤼엘이 대답했다.

"피타고라스의 성사수[1]를, 그 말한 수[2]에 곱해 보십시오." 랑테르느가 말했다.

"그건 열, 스물, 서른, 마흔이 되지." 팡타그뤼엘이 말했다.

"그것을 다 합산하면은요?" 랑테르느가 물었다.

---

1 피타고라스의 신비철학에 의하면 4라는 수는 완전과 신성의 의미를 내포한다.

2 1.2.3.4.

"백." 팡타그뤼엘이 대답했다.

"제 1큐브[1], 즉 8을 거기에 더하세요. (랑테르느가 말했다) 이 숙명의 수가 다하는 곳에 신전의 문이 있을 것입니다. 여러분께서 유의해야 할 것은, 그 수[2]는 아카데미 학파의 사람들에게는 그토록 찬양을 받으면서도 별로 이해되지 않은 플라톤의 참된 『심령론』을 볼 수가 있다는 것입니다. 그 반은 단위수 1과 제 1완전수가 둘[3]과, 이승수가 둘[4]과, 삼승수가 둘[5]로 되어 있습니다."[6]

이처럼 많은 지하계단을 내려가면서, 첫째로, 정말로 필요한 것은 다리였다. 다리를 쓸 수 없다면 술통처럼 데굴데굴 구르면서 동굴 아래에 떨어져버리기 때문이다. 둘째로, 우리의 빛이 나는 랑테르느가 의지가 되었다. 우리가 이처럼 지하로 내려가면서 볼 수 있는 것은 이 빛뿐이며, 이베르니아의 성 파트릭의 동굴에나, 또는 보에티아의 트로포니오스의 구멍에라도 있는 것 같았기 때문이었다. 약 78단 정도 내려가니 파뉘르쥬가 소리치며 우리의 찬란하게 빛나는 랑테르느에게 말했다.

"놀라운 힘을 가진 랑테르느님이여! 통회하는 마음으로 빕니다. 뒤로 물러갑시다. 죽은 소에 걸고서, 난 무서워 죽을 것 같습니다. 난 절대로 결혼은 하지 않아도 좋습니다. 당신은 날 위해서 수고하셨고 애

---

1 2의 3승.

2 108.

3 2.3.

4 4.9.

5 2x2x2=8 : 3x3x3=27.

6 1+2+3+4+9+8+27=54=108/2.

많이 쓰셨습니다. 주께서 그의 마지막 상급으로 당신께 보답하실 것입니다. 저도 이 트로글로디트[1]들의 동굴에서 빠져나갈 수만 있다면, 평생 그 은혜를 잊지 않겠습니다. 제발 물러갑시다. 이곳은 지옥으로 내려가는 테나레[2]가 아닌가요. 그리고 케르베루스[3]가 짖어대는 소리가 들려오는 것 같습니다. 들어보십시오, 그놈입니다. 아니면 내 귀가 울리는 것이고요. 난 그 녀석을 조금도 숭배하지 않습니다. 개에게 다리를 물리는 것보다 더 아픈 일은 없기 때문입니다. 이곳이 트로포니오스의 동굴이라면, 귀신들이나 도깨비들이 우리 전부를 산 채로 잡아먹겠지요. 옛날 데메트리우스[4]의 부하의 한 사람인 미늘창 창수가 대궁(大弓)을 가지고 가지 않았기 때문에 잡혀 먹힌 것처럼 말입니다. 장 수도사, 거기 있나? 이보게 제발 내 곁에 있어주게. 무서워 죽겠네. 자네, 단도를 가지고 있나? 그런데 난 어떤 무기도 없네. 공격하는 것도 방어하는 것도 없단 말이야. 우리 물러가자."

"나 여기에 있네. (장 수도사가 말했다) 나 여기에 있으니 두려워하지 말게. 자네 목덜미를 꼭 쥐고 있네. 내가 무기가 없을지라도, 악마 18마리라도 나한테서 자넬 빼앗지 못할 것이네. 확고한 정신에 강한 힘이 겸비돼 있으면 괜찮네. 오히려 하늘에서 무기가 떨어진다면 모르겠지

---

1 혈거족(穴居族).

2 현재의 라코니아 지방의 마타팡 갑(유럽대륙 최남단의 지점)으로 헤라클레스가 이 곶 속에 숨겨진 동굴을 통해서 명계(冥界)로 갔다는 설이 존재한다.

3 명계의 입구를 지키는 개로 머리가 셋 이나 50개, 또는 100개이고, 꼬리는 뱀의 모양이라고 상상된 동물이다.

4 마케도니아의 왕으로 그의 병사가 트로포니우스의 동굴에 들어가 금은보화를 훔치려고 했지만, 망령들에게 바칠 꿀이 든 과자를 잊었기 때문에 생령(生靈)에게 잡혀 먹혔다.

만 말이야. 옛날 프로방스는 마리우스 동굴 근처의 라크르의 들에서, 헤라클레스가 넵투누스의 두 아들과 싸우려다 별수가 없게 되자, 그를 구하려고 자갈이 하늘에서 비 오듯 쏟아진 것처럼 말이야. (그 돌은 지금도 남아 있지.) 그런데 어떤가? 우린 지금 갓난애들의 고성소로 내려가는 것인가? 아니면 마귀들이 사는 명토인가? 주께 맹세코, 그 녀석들을 실컷 혼내주지. 어쨌든 내 구두 속에는 포도나무 가지가 들어 있으니까. 오, 내 싸움 실력을 제대로 한번 보여주지! 여긴 어디지? 녀석들은 어디에 있지? 내가 두려운 것은 놈들의 뿔뿐이지. 하지만 결혼해서 부인을 얻은 파뉘르쥬에게 자라는 두 개의 뿔 덕분에 난 호신이 되어 완전히 안전하게 되지. 앞을 보는 예언능력, 놈이 새로운 악타이온[1]이 되어 뿔이 자라고, 뿔을 세우고, 엉덩이까지 뿔을 달고 있는 것이 잘 보이는군."

"조심하게, 사제. (파뉘르쥬가 말했다) 사제들이 결혼하기 전, 자네, 간헐열 같은 것이 부인에게 가지 않도록 하게나. 왜냐하면 자넬 뿔난 사나이, 뿔 내 놓은 사나이로 만들 만큼 자넬 간헐열과 합치지 못할 경우, 난 어떻게라도 무사히 이 지하에서 나올 수 있었으면 좋겠네. 그렇지 않으면 자네의 부인이 되는 간헐열 씨는 괘씸한 불여우가 틀림없겠지. 그리프미노가 사제의 부인으로 간헐열을 주려고 했지만, 자네가 그 녀석을 이단자로 불렀던 것이 생각나는군."

여기서 우리의 화려한 랑테르느에 의해서 이야기를 중단했지만, 우

1 사냥에 능한 사람이나 아르테미스(디아나) 여신의 나체를 보았기 때문에 그 노여움으로 사슴이 되어 자기 개에게 물려 죽었다. 여기서는 뿔을 사슴에의 변형과 결부시키고 있다.

리는 저쪽으로 가면 공손히 입을 다물고 조용히 있어야 한다고 랑테르느가 가르쳐주었다. 다시 한 번 우리 구두를 포도나무 가지로 꾸민 이상, 술병 신의 신탁을 얻지 않는 한, 물러갈 희망은 거의 없을 것이라는 단호한 대답도 받았다.

"그럼 전진합시다. (파뉘르쥬가 말했다) 악마들의 정면을 향해 돌격합시다. 죽는 것은 단 한번뿐이다. 하지만 난 다른 싸움에 대비해서 목숨을 남겨둔다. 돌격. 돌격. 전진합시다. 난 용기백배하다. 정말로 심장이 떨리는구나. 이건 이 지하동의 추위와 냄새 때문이지. 무서워서 그런 것은 아니고 열이 나서 그런 것도 아니네. 돌격, 돌격, 전진, 전진합시다. 오줌을 싸자. 내 이름은 두려움을 모르는 기욤[1]이라네."

1 중세의 기사도 소설에 나오는 유명한 영웅이다.

제36장 신전의 문들이 저절로 멋지게 열린 일

계단 아래로 내려가자, 우리 앞에 고급 벽옥으로 된 대문이 있는데, 세공이나 만들어진 모양이 도리아식 장식이고, 정면에는 순금의 이오니아 문자로 다음과 같이 새겨져 있었다. ἐν οινω αληθεια 즉 '술 속에 진리가 있다'는 뜻이다. 이 두 개의 문은 코린트 청동 같은 무거운 청동으로 되어 있는데, 작은 포도 잎을 새기고 조각상의 필요에 의해서 부조장식과 칠보가 귀엽게 붙어 있었다. 이 두 개의 문은 각각 장붓구멍 속에 끼여 딱 합쳐 닫혀 있었는데 빗장이나 자물쇠나 연결고리도 없었다. 다만 인도 금강석이 하나 거기에 걸려 있고, 그 크기는 이집트 잠두 정도이고 순금 대에 끼여 있었으나, 대는 육각형으로 위의 모와 아래 모 두 개가 직선을 그은 것처럼 뾰족하게 튀어나와 있었다. 좌우 양쪽에는 벽 쪽으로 마늘이 한 묶음씩 매달려 있었다.

우리의 고귀한 랑테르느가 우리에게 말했다. 우리를 안내하는 일은 더 이상 할 수 없지만 신관 바크뷔크의 명령에 복종해야 한다는 것이었다. 그것은 랑테르느가 더 이상 안으로 들어갈 수 없게 되어 있었기 때문이었는데, 그 이유는 언젠가 죽게 될 인간들에게 그것을 설명해서는 안 되고 조용히 있어야 할 것이라는 것이었다. 그러나 모든 일에 있어서 머리를 쓰고 두려움이나 겁을 먹어도 안 되고, 나갈 때에는 자기에게 맡겨달라고 랑테르느는 우리에게 당부했다. 그리고 두 개의 문이 연결 된 곳에 걸려 있는 그 금강석을 빼어 오른쪽 은상자에 집어넣었는데, 이 상자는 분명히 이 용도로 만들어진 것이었다. 그리고 각각의 문의 축으로부터 1트와즈 반[1] 정도 되는 빨강 비단 끈을 끌어당겼는데, 이 끈에 마늘이 매달려 있었다. 랑테르느는 이 끈을 두 개의 금고리에 붙잡아맸는데, 이 고리도 그 때문에 문 양쪽에 있었던 것이다. 그리고 랑테르느는 옆으로 물러갔다.

갑자기 두 개의 문이 아무도 손대지 않았는데 저절로 열리고 보통 단단하고 무거운 청동 문이 내는 그런 날카로운 소리나 무서운 진동도 없이, 조용하고 우아하게 소곤대는 소리를 내며 열렸는데 신전의 둥근 천장에 울려 퍼졌다. 팡타그뤼엘은 왜 그런 소리를 내는지 그 이유를 바로 알았다. 그것은 양쪽 문 밑의 끝에 원주가 있어, 그것이 문에 축처럼 붙어 있고, 문이 벽 쪽으로 회전하면서 단단한 운반석 위를 구르고, 그처럼 부드럽고 조화로운 소리를 내는 것을 보았기 때문이다. 이 운반석은 잘 닦여져 있었고 원주의 마찰로 윤이 나고 있었다.

나는 이 두 개의 문이 이처럼 아무도 밀지도 않았는데 저절로 열려버렸기 때문에 상당히 놀랐다. 이 놀라운 일이 어떻게 그렇게 되었는지 알려고 우리는 신전에 들어갔다. 나는 문과 벽 사이를 살피면서, 어떤 힘에 의해, 어떤 도구에 의해, 문이 이처럼 열리는지 알고 싶었다. 그런데 나의 친애하는 랑테르느는 양쪽 문이 맞닿는 곳에, 아이티오피스[2]라는 풀이라도 깎아 낀 것이 아닌가 생각하기도 했다. 이 풀을 사용

---

1 약 3미터.

2 이 풀과 이 풀의 힘에 대해서 라블레는『팡타그뤼엘 제4서』제 62장에서 상세하게

하면 닫힌 것을 모두 열 수 있기 때문이다. 그러나 나는 두 개의 문이 벽 안의 장붓구멍에 낀 채 닫히는 부분이 코린트 청동에 삽입된 고급 강철판으로 돼 있는 것을 알게 되었다.

게다가 나는 두 장의 인도 자석판[1]을 보았는데, 폭이 넓고 두께는 반 폼[2]이 되고, 빛은 푸르스름하고 잘 갈아 반질반질하게 닦여져 있었다. 이 두꺼운 철판이 그대로 신전의 벽에 끼워져 있고, 문짝이 완전히 다 열렸을 때에는 그 열린 벽 쪽으로 가서 더 이상은 열리지 않았다.

그래서 자철광의 강력한 힘이 작용하기 때문에, 그 강철판은 자연의 신비하고도 놀라운 법칙에 따라 움직이는 것이었다. 따라서 두 문은 천천히 자석 쪽으로 당겨지고 움직여지는데, 언제나 그런 것은 아니라 다음과 같은 경우에만 그러했다. 바깥쪽에 있는 자석이 차단되어 가까운 곳에서 그 작용을 받지 않게 된 강철이 자연의 이치로서 자석에의 복종에서 해방되어 완전히 벗어난 경우이고, 그 두 묶음의 마늘이 제거될 경우이다. 우리의 즐거운 랑테르느는 빨강색 끈에 붙어 있는 이 한 묶음의 마늘을 멀리 떨어진 곳에 매달았는데, 마늘이 자석의 힘을 약화시키고 그 견인력을 상실하게 만들기 때문이었다.

위에 적은 자석판의 하나로, 오른쪽에는 고대 라틴문자로 다음과 같은 육각 억양격의 시구가 기묘하게 새겨져 있었다.

설명하였다.

1 프톨레마이오스에 의하면 마니오레스 군도 근처를 항해중인 배는 자기(磁氣)의 힘으로 인도의 이 지방으로 끌려갔다.

2 약 10센티미터.

숙명은 받아들이는 자를 이끌고,
거절하는 자를 잡아당긴다.

왼편 판에는 대문자로 다음과 같은 글이 멋있게 새겨져 있었다.

모든 것은 끝을 향하여 간다.

제37장 신전의 마루 포석이 놀랄 만한 상감세공으로 만들어져 있던 일

이 글을 읽고 눈을 돌려 장엄한 신전을 바라보았을 때 나는 마루 포석이 정말로 믿기 어려울 정도로 배열되어 있는 것을 보았다. 실라 시대의 프레네스테의『포르투나(運命)』사원의 마루나 페르가모에 소시스트라투스가 만든 상감세공 마루라고 불리는 그리스인의 마루도, 이 세상에 있는 그 어떤 것도 이 마루 포석의 세공에는 도저히 비교가 되지 못하였다. 왜냐하면 이 신전의 마루 포석은 작은 돌을 모아 만든 모자이크 세공이었는데, 모두가 잘 닦여진 고급의 보석이고 하나하나가 자연 그대로의 색깔을 갖고 있었기 때문이었다. 어떤 것은 붉은 벽옥이었는데, 우스꽝스럽게 여러 가지 얼룩 반점이 나와 있었고, 어떤 것은 사문석蛇紋石이었고, 어떤 것은 반암, 어떤 것은 원자처럼 섬세한 금색섬광을 뿌린 듯한 붉은색, 흰색, 다갈색, 검은색의 사색석四色石이나 젖빛의 작은 줄무늬가 얽히고설켜 파도처럼 흐르고 있는 마노瑪瑙, 어떤 것은 말할 수 없이 귀중한 옥수玉髓, 어떤 것은 빨간빛과 노란빛의 줄이 여러 개 난 녹색의 벽옥碧玉이었고, 그것은 빗살줄무늬를 이루고 있었다.

주랑 아래의 마루는 작은 돌을 모아서 만든 상감세공이었지만, 각각의 돌이 그 자연색을 보이고 여러 가지 형태를 묘하게 그려내고 있어, 마치 이 마루 위에 포도나무 가지의 묶음이 겹치지 않게 심어져 있는 것처럼 보였다. 왜냐하면 어느 곳에서는 많이 뿌려져 있었고, 다른 곳에는 조금 뿌려져 있었기 때문이었다. 그래서 이처럼 멋진 나뭇잎의 특별한 장식은 도처에서 볼 수 있었다. 이상할 정도로 희미한 빛을 받으면, 어떤 곳에는 포도 열매의 주위를 기어 다니는 달팽이들이 나타났고, 다른 곳에는 포도나무 잎을 달음박질치는 작은 도마뱀들이 나타났고, 또 다른 곳에는 반쯤 익은 포도 알이나 완전히 익은 포도 알이 나타났는데, 건축가의 기술과 공교한 창의로 고안되고 만들어져 헤라클레이아의 제욱시스[1]가 그린 그림처럼, 이들의 포도 알은 찌르레기나 그 밖의 작은 새끼 새들의 눈을 쉽게 속일 정도였다. 어째든 우리도 감쪽같이 속았다. 그도 그럴 것이 그 건축가가 이 포도나무 잎을 여기저기 흩뜨려 놓은 곳에 왔을 때, 우리는 발을 다칠까봐 두려워 돌이 많은 울퉁불퉁한 길이라도 걷는 것처럼 다리를 높이 쳐들어 크게 벌리고 걸었기 때문이다. 그리고 눈을 들어 신전의 둥근 천장과 벽들을 바라보았는데, 모두 대리석이나 반암이 씌워져 있고 끝에서 다른 끝까지 멋지게 상감세공으로 되어 있었다. 이 상감세공에는 신전입구의 오른쪽 부분을 기점으로 믿을 수 없을 정도의 우아함으로, 선량한 주신 바쿠스[2]가 인도인을 무찌른 싸움 장면이 나타나 있는데, 그 취지는 다음에 말하기로 하겠다.

1 기원전 5세기의 헤라클레아 태생의 명화가(名畵家)로 과일을 그리면 새가 와서 이것을 쪼아 먹었다.

2 로마 신화의 포도주 신으로 그리스 신화의 디오니소스에 대응한다.

제 38 장 신전의 상감세공에 바커스가 인도인들을 무찌른 싸움이 그려진 일

첫 부분에는 여러 가지 마을과 촌락, 성, 성채, 밭, 숲이 불타오르는 모습이 그려져 있었다. 격분하고 정신 이상 증세를 보인 미친 여인 서너 명이 미친 듯이 송아지나 양, 암양을 산 채로 고기를 찢어 먹고 있는 모습도 그려져 있었다. 이것은 바커스가 인도에 들어가 모든 것을 불과 피로 물들인 것을 나타내는 것이었다.

그럼에도 불구하고 인도인들이 바커스를 몹시 경멸했지만, 감히 그에게 대항하지 못했는데, 그것은 그들의 정탐꾼들에게서 다음과 같은 확실한 정보를 받고 있었기 때문이었다. 바커스의 군대에는 무사는 하나도 없고, 얼빠지고 언제나 술 취해 있는 한 작은 노인뿐이고, 여기에 붙어 있는 것은 나체로 춤추거나 뛰며, 어린 염소 같은 꼬리와 뿔이 달린 상스러운 젊은이들과 수많은 술 취한 여자들이었다. 그래서 인도인들은 무기를 들고 대항하지 않고 이들이 그냥 지나가게 내버려 둔 것이었다. 이런 녀석들과 싸워서 승리를 하면 명예나 위업은커녕 불명예와 수치라고 생각했기 때문이다. 이처럼 경멸을 당해도 바커스는 언제나 나라를 정복하고 모든 것을 불태워 버렸는데, 어쨌거나 불과 천둥은 바커스가 물려받은 영원한 무기였고, 이 세상에 태어나기 이전에 바커스는 유피테르[1]에게서 천둥의 예를 받았고 (그의 어머니 세멜레와 그의 친정집도 불에 타 흔적도 남지 않았지만) 피의 세례도 받았기 때문이다. 바커스는 당연한 일이지만 평화로운 시기에도 피를 만들고 전시에는 피를 흘리게 하기 때문이다. 그 증거로 사모스 섬의 파나이마, 즉 '피로 물든'이라고 하는 들이 있는데, 여기서 바커스는 에베소 나라에서 도망쳐 온 여전사들을 쫓아가 정맥을 절개하여 이들을 죽였는데, 이 일대가 쏟아지는 피를 흡수하여 피에 덮여버렸다고 한다. 여러분은 앞으로 아리스토텔레스가 그의『문답서』에 기록한 것보다[2], 무엇 때문에 옛날에 사람들이 일반격언처럼, '전시에서 박하를 먹지도 심지도 말라'고 했는지를 알 것이다. 그 이유는 이렇다. 일반적으로 전시에는 닥치는 대로 베고 후려치기 때문에, 부상당한 인간은 그날 박하를 만지거나 먹으면 그 피를 억제할 수가 없거나 지혈하기 매우 어렵기 때문이다.

그 다음에 먼저 기록한 상감세공에는 바커스의 군대가 진군하는 모습이 그려져 있는데, 함께 매인 어린 표범 세 마리가 끌고 가는 화려한 차를 타고 있는 그의 얼굴은 천진난만한 어린애 같았다. 이것은 선량한 술꾼들은 모두 결코 늙지 않고, 턱에는 수염 하나 없고 게루빔 천사처럼 얼굴이 붉다는 것을 가르쳐주는 것이었다. 바커스의 머리에는 뾰족한 뿔이 자라고 있는데, 그 뿔 위에는 포도나무 잎과 포도알로 아름

1 고대 로마의 종교와 로마 신화에서 하늘과 천둥의 신이자 모든 신들의 왕으로, 공화정과 제정 시기를 거쳐 기독교가 로마 제국의 우세 종교가 될 때까지 로마의 최고의 신이다.

2 아리스토텔레스에 의하면 박하는 체온을 내리고 성기능을 약화시키고 인간을 겁쟁이로 만든다. 히포크라테스는 박하는 혈액을 희박하게 만들고 수분을 많게 한다고 주장하였다.

답게 만든 관과 진홍빛의 붉은 주교관을 쓰고 발에는 황금장화를 신고 있었다.

그의 부대원들 중에 남자는 한명도 없었다. 바커스의 근위병들도 그의 군대도 모두 밧사리데스[1], 에반테스, 에우히아데스, 에도니데스, 트리에테리데스, 오기지에스, 미말로네스, 메나데스, 티아데스, 바키데스들이었는데, 모두 격분하고 난폭하고 미친 여자들로 살아 있는 용이나 뱀을 벨트 대신 매고, 포도덩굴의 이마 끈을 맨 머리카락을 바람에 날리고 있었다. 사슴이나 염소의 가죽을 몸에 걸치고 작은 도끼나 지팡이, 갈고리 창, 솔방울의 모양을 한 창이나 작고 가벼운 방패를 손에 들고 있었다. 이 방패는 닿기만 하면 울리며 시끄러운 소리를 냈는데, 그녀들은 유사시에는 큰 북이나 작은 북처럼 이것을 사용하였다. 이 방패의 수는 7만 9천 2백 27개였다.

실레누스[2]가 전위부대를 지휘하고 있는데 바커스는 이 인물을 전적으로 신뢰하고 있었고, 이 인물이 덕이 있고, 관대하고, 용기도 있고, 매사 신중하다는 것을 과거에 여러 장소에서 인정한 것이었다. 그는 몸을 떨며, 허리가 굽고, 살찌고, 길마에 가득 찰 정도의 배가 나온 작은 노인이었다. 크고 곧은 귀에 날카로운 매부리코와 굵고 긴 눈썹을 하고 있었다. 그는 불알이 큰 당나귀를 타고 손에는 지팡이를 들고 있는데, 그것은 걸어갈 경우에 기대기 위한 것이기도 하고, 용감하게 싸우기 위한 것이기도 했다. 또한 그는 여성용 노란 긴 옷을 입고 있었

1 이하 주신 바커스(디오니소스)의 시녀 또는 여사제들이다.

2 말의 귀와 다리와 꼬리를 가진 털 많은 노인의 모습으로 묘사되고 주신 바쿠스의 종자(從者), 또는 사티로스들의 아버지로도 여겨진다.

다. 그의 부대는 시골 출신의 젊은이들로 새끼 염소 같은 뿔이 나고, 사자처럼 잔인하고, 모두 나체로 노래를 부르고, 항상 코르닥스 춤을 추고 있었다. 사람들은 그들을 티티로스 또는 사티로스로 불렀다. 그 수는 8만 5천 1백 33명이었다.

후위부대는 판 신[1]이 지휘하고 있는데 무시무시한 괴물 같은 인물이었다. 그의 하체는 염소와 같고, 다리에는 털이 수북하고, 머리에는 하늘을 향해 곧게 솟은 뿔을 달고 있었기 때문이었다. 그의 얼굴은 빨갛고 불타는듯하고, 수염은 매우 길고, 대담하고 용감하고, 모험심이 강하고, 노하기 쉬운 사람이었다. 왼손에는 피리, 오른손에는 휜 지팡이를 들고 있었다. 그의 부대는 사티로스와 헤미판, 아에기판, 실바누스, 파우누스, 망령, 장난꾸러기, 꼬마 악마들로 구성되었고, 그 수는 7만 8천 1백 14명이었다. 모두의 암호는 '에보에'이었다.

1 본래는 아르카디아의 목인(牧人)과 가축의 신으로 반인반산양의 모습으로 상상된다. 판과 바커스의 관계는 판이 같은 산야의 반인반수의 신들과 혼동되고, 이 반인반수의 신들은 바커스와 친밀하여 이 바커스군의 부대장이 되어 있는 것으로 보인다.

제39장 선량한 바커스가 인도인들을 공격과 돌격하는 모습이 상감세공으로 그려진 일

그 다음에는 선량한 바커스가 인도인들을 공격과 돌격하는 모습이 그려져 있었다. 나는 거기서 전위대장 실레누스가 주먹만 한 굵은 땀방울을 흘리며 그의 당나귀를 신랄하게 꾸짖는 모습을 보았다. 당나귀도 입을 벌리고 마치 무늬말벌에게 엉덩이를 쐬기라도 한 것처럼, 꼬리를 치고 다리를 움직이고 소리를 질러 보기에도 끔찍했다.

대대장격, 중대장격, 소대장격, 상사격인 사티로스들은 염소의 뿔피리로 돌격나팔을 불어대며, 미친 듯이 염소를 달리게 하여 방귀를 뀌고, 군대의 주위를 돌면서 용감하게 싸우라고 장병들을 격려하고 있었다. 적군의 장병은 그림에서이기는 하지만, '에보에' 하고 소리를 질렀다. 메나데스들이 선진先陣을 맡고 무섭게 외치며, 북과 방패를 두드려 끔찍한 외침과 무서운 큰 소리를 내면서 인도인들의 진지로 쳐들어갔다. 이 소리는 하늘에 울려 퍼졌지만 상감세공의 그림이 나타내고 있는 그대로인데, 이것을 보면 여러분은 천둥소리나 번개, 벼락, 바람소리, 말소리나 품행, 마음을 그림에 그린 아펠레스[1], 테베의 아리스티

1 기원전 4세기 후반 마케도니아의 궁정 화가로서 알렉산더 대왕의 초상화를 그렸다.

데스[1], 그 밖의 다른 사람들의 예술에는 그다지 감탄하지 않게 될 것이다.

그 다음에는 바커스가 자기 나라를 짓밟고 있음을 알게 된 인도인들의 모습이 그려져 있었다. 망루를 실은 코끼리들이 수많은 군병들과 함께 선두를 다투고 있었다. 그러나 바키데스들이 내는 무시무시한 소리를 듣고, 판 신이 내린 공포에 놀란 나머지, 전 군대가 궤주하게 되고, 코끼리들은 아군 군사들 쪽으로 방향을 돌려 이들을 짓밟으면서 전진했다. 이 장면에서 당나귀에게 박차를 가해 지팡이를 휘두르며 낡아빠진 고대검법의 실력을 발휘하고 있는 실레누스나, 당나귀가 입을 벌린 채 코끼리들의 뒤를 바싹 뒤따라가며 날듯이 쫓고 있는 모습을 볼 수가 있었다. 당나귀가 입을 벌리고 있는 모습은 울부짖으며 돌격 신호에 맞추어 용감하게 소리를 지르고 있는 것 같았는데, 그 용감한 소리는 바커스제 때, 프리아포스[2] 정신에 몰입한 프리아포스가 잠자는 수정 로티스에게 프리아포스 식의 행동을 하려고 해서 그의 잠을 깨게 했을 때의 소리만 못하지 않았다.

이 장면에서 판 신이 시골 피리를 불면서 메나데스들의 주위를 안짱다리로 뛰어다니며 용감하게 싸우라고 격려하는 모습도 볼 수 있었다. 또한 그 다음에는 한 젊은 사티로스가 왕 17명을 포로로 잡고 있는 모습, 한 바키데스가 적의 대장 42명을 뱀으로 잡아매어 끌고 오는 모습, 한 어린 파우누스가 적으로부터 빼앗은 12종류의 깃발을 들고 있는

1 기원전 4세기의 아테네에서 활동한 화가이다.

2 그리스 종교에서 동식물의 다산의 신으로, 그에 대한 숭배는 헬레스폰트 해협에서 비롯되었고, 거대한 남근을 지닌 기형적이고 우스꽝스러운 사람으로 묘사된다.

모습, 선량한 바커스가 마차를 타고 전쟁터를 유유히 돌아보며 즐거이 웃으며 일일이 각 사람에게 술을 따라주는 모습도 볼 수 있었다.

마지막으로 상감세공으로 그려진 것은 선량한 바커스의 승리와 개선을 기념하는 전승 트로피였다.

바커스의 승리에 빛나는 마차는 온통 담쟁이덩굴로 덮여 있는데, 이것은 메로스 식물산에서 가져 온 것으로, 이 식물은 인도에서는 희귀한 것이었다. (그래서 모든 물가가 오르고 있다.) 그 이후 알렉산드로스 대왕도 인도를 정복할 때 이것을 본받은 것이다. 바커스의 마차는 함께 맨 코끼리들이 끌고 있었다. 그 이후 대 폼페이우스가 아프리카를 정복할 때 로마에서 이것을 본받은 것이다. 마차 위에는 고귀한 바커스가 손잡이가 달린 잔으로 술을 마시고 있었다. 그 후 카이우스 마리우스가 엑상프로방스 부근에서 킴브리 족을 상대로 승리를 거둘 때 이것을 본받은 것이다. 바커스 전 군병들과 그들의 지팡이와 방패, 북들도 담쟁이덩굴로 덮여 있었다. 실레누스의 당나귀까지도 담쟁이덩굴로 말 장식을 하고 있었다.

바커스의 마차 측면에는 붙잡힌 인도 왕들이 굵은 황금 사슬에 묶여 있었다. 전 부대는 즐거운 승리의 노래와 촌스러운 술 노래[1]의 소곡을 낭랑히 소리가 맑고 또랑또랑 하게 부르며, 산처럼 쌓인 전승 패나 들것, 적에게서 빼앗은 전리품을 나르면서 말로 다 할 수 없는 기쁨과 즐거움에 젖어 멋진 모습으로 행진하고 있었다. 끝 부분에는 이집트의 양상이 그려져 있는데, 나일 강의 흐름, 거기에 사는 악어, 긴꼬리원숭

1 바커스를 찬송하는 노래.

이, 따오기, 꼬리 없는 원숭이, 굴뚝새, 이집트 큰 쥐, 하마 등, 그 밖에 그곳에서 나서 길러진 다른 가축들의 모습도 그려져 있었다. 바커스는 황소 두 마리를 선두로 이 나라를 지나갔는데, 그 한 마리에는 황금문자로 아피스, 또 한 마리에는 오시리스라고 씌어 있었다. 이집트에서 바커스의 도래 이전에는 수소와 암소를 볼 수 없었기 때문이었다.

제40장 신전이 찬탄할 만한 등으로 비춰지고 있는 일

술병 신에 대한 설명을 하기 전에 신전 전체를 비추고 있는 등의 찬탄할 만한 형상을 설명하고 싶은데, 차고 넘칠 듯한 풍부한 빛이라 대낮에 땅을 비추는 맑고 밝은 태양을 볼 때처럼 이 신전이 땅 속에 있지만 뚜렷하게 보였다.

둥근 천장의 중앙에 주먹 크기만 한 묵직한 황금 고리가 붙어 있고, 그것보다는 약간 작은 두께로 교묘하게 만들어진 세 개의 사슬이 늘어져 있었는데, 이 사슬은 두 피에 반[1] 되는 곳에서 셋으로 갈라져 둥근 순금원반을 매달고 있었다. 이 원반의 크기는 직경이 3쿠데 반 팔름[2]을 초과할 정도였다. 이 원반에는 4개의 고리와 구멍이 있고, 그 하나하나에 공동空洞의 구球가 견고히 매달려 있는데, 이 구는 위가 열리고, 가운데가 패이고 주위가 약 2팔름[3] 정도의 작은 등과 같았고, 어느 것이나 매우 귀중한 보석으로 만들어졌다.

한 개의 구는 자수정, 다른 하나는 리비아의 석류석, 세 번째의 구는 오팔석, 네 번째의 구는 혈석血石으로 되었다. 각각의 구 속에는 뱀 모

1 약 1미터.

2 약 1미터 60센티미터.

3 약 40센티미터.

양의 증류기로 다섯 번이나 증류된 화염수[1]가 가득 들어 있었으나, 그것은 칼리마쿠스[2]가 아테네의 아크로폴리스[3] 신전의 팔라스의 황금 등에 넣은 기름처럼, 다 고갈되는 일이 없고 (암모니아의 유피테르 신전에 있던 부지런한 철학자 클레온브로토스가 본 것 같은), 거기에 석면심지와 카르파시움[4] 마麻로 만든 심지가 덧붙여 있는데, 이 석면이나 마는 불에 타는 일 없이 언제나 재생되고 새로운 모습을 보였다.

그 원반 아래 약 두 피에 반쯤 되는 곳에, 처음과 마찬가지로 셋으로 갈라진 세 개의 사슬이 세 개의 손잡이에 고리로 걸어져 있는데, 이 손잡이는 투명한 수정으로 된 둥근 큰 등에서 밖으로 나와 있었다. 이 등의 직경은 1쿠데 반[5]이나 되고 위쪽으로 약 2팔름 정도의 입구가 열려 있었다. 이 입구로부터 호박이나 요강 같이 생긴 수정으로 만든 단지가 속에 있어, 그것이 이 대형 등 아래에 있었지만 이 그릇에도 앞에 적은 것과 같은 화염수가 가득 들어 있었기 때문에, 석면의 심지에서 나오는 불꽃은 이 대양 등의 정중앙에 똑바로 위치하게 되었다. 이런 방식으로 만들어져서 등의 원구 전체가 불이 활활 타는 것처럼 보였는데 불꽃이 중심에 있었기 때문이었다.

그리고 이것을 계속해서 본다는 것은 태양을 응시하고 있을 수 없

---

1 주정(酒精)을 말한다.

2 조각가 칼리마쿠스가 본문에 나오는 양등(洋燈)을 만들었는데, 급유하지 않아도 계속 타고 있었다고 한다.

3 아테네의 아크로폴리스는 파르테논 신전이 있는 곳으로 해발 150m 높이에 꼭대기가 평평한 바위 언덕 위에 자리 잡고 있다.

4 키프로스 섬의 마을.

5 약 75센티미터.

는 것처럼 어려운 일이었는데, 놀라우리만큼 투명한 재료로 만들어져 있었기 때문이었다. 게다가 전체 구성도 투명하고 기묘하고, 상부의 4개의 작은 등의 여러 가지 색깔이 (그것은 보석이 갖고 있는 자연색이었지만) 하부의 큰 등에 비치도록 되어 있었고, 이 4개의 등의 빛은 온 신전의 모든 곳을 휘양 찬란하게 끊임없이 흔들며 비추고 있었다. 게다가 이 흔들리는 빛이 신전의 내부 전체에 박힌 광택이 나는 대리석에 닿자, 밝은 태양이 비구름에 닿았을 때 생기는 무지개 같은 여러 가지 색채가 나타났다.

이 창안은 찬탄할 만한 것이었지만 더욱 놀랄 만한 것은 조각가가 그 수정 등의 몸통 둘레를 끌로 조각한 것으로, 나체의 어린애들이 즐겁게 전쟁놀이하는 모습을 새겨놓은 것이었다. 이 어린애들은 작은 목마를 타고, 작은 풍차를 창으로 삼고, 포도송이에 포도나무 가지와 잎을 얽어 교묘하게 만든 큰 방패를 들고 귀여운 행동과 모습으로 서 있는데, 그것은 예술의 힘으로 자연의 힘을 능가하여 매우 섬세하게 나타나 있었다. 이것들은 대에 새긴 것이 아니라 돌출된 것처럼 적어도 전체가 기묘하게 떠오른 것같이 보였는데, 새겨진 군상에 깃들인 여러 가지 매력적인 광선이 반사하여 나타난 결과였다.

제41장 신관 바크뷔크에 의해서 우리가 신전 안에 있는 불가사의한 샘을 보게 된 일

이 놀라운 신전과 기억할 만한 등을 황홀하게 바라보고 있을 때, 존경할 만한 신관 바크뷔크가 그의 수행원들과 웃는 얼굴로 우리 앞에 나타났다. 우리가 앞서 적은 것 같은 분장을 하고 있는 것을 보고 별 어려움 없이 신전 한가운데로 우리를 안내해 주었는데, 거기에는 그 등 바로 아래 아름다운 불가사의한 샘이 있었다.

제42장 샘물이 그것을 마시는 사람의 상상력에 따라 포도주의 맛으로 변한 일

이어 신관 바크뷔크는 금과 은, 수정, 자기의 굽이 달린 큰 잔과 컵을 내놓도록 우아하게 명하고, 우리에게 이 샘에서 솟아나오는 물을 마시도록 권해서 우리는 기꺼이 응했다. 왜냐하면 이 불가사의한 샘이 아무리 애처로워 보여도 플루토[1]도 고성소에서 지금까지 꿈꾼 적이 없을 정도로 드물고 놀랍고, 고귀한 재료로 만들어진 샘이었기 때문이었다. 이 샘의 기초도 아주 순수하고 반투명한 설화석고로 되어 있고, 깊이는 3팔름[2]이 조금 더 되는 7각형을 이루고 있었다. 바깥쪽은 균등하게 갈라져 있고, 가장자리는 많은 연이은 기단과 장식 제단과 도리아식의 반곡선 쇠시리와 물결무늬로 꾸며져 있었다. 샘의 내부는 정확히 원형을 이루고 있었다. 가장자리의 모퉁이마다 그 중심에는 둥근 기둥이 서 있고, 상아 또는 석화석고의 고리 장식(현대 건축가는 연식緣飾이라고 하지만)처럼 되어 있고, 기둥의 총수는 모퉁이가 7개이기 때문에 그에 따라 7개였다. 기둥의 길이는 기초에서 들도리 끝까지 7팔름[3]이

1 지하의 신.

2 약 60센티미터.

3 약 1미터 40센티미터.

좀 안되었는데, 주변과 안쪽의 원의 중심을 지나는 직경과 완전히 똑같은 길이었다.

기둥이 세워진 방식에 따라 다음과 같은 배치를 이루고 있었다. 이곳의 대좌에 있는 기둥도 다 같았지만, 하나의 기둥 뒤에서 맞은편 기둥을 보기 위해서 시선을 던지면, 우리의 시각선이 그려내는 각추형의 원추 끝이 앞에서 말한 샘 중심에 이르고, 그 점에서 맞은편 두 기둥으로부터의 선으로 만들어진 이등변 삼각형의 정점에 마주치게 되는데, 이 삼각형의 두 개의 선은 우리가 길이를 재보려는 맞은편 두 기둥을 각각 둘로 가르고 있었다. 그리고 양쪽 다 우리가 그 뒤에 서 있는 첫 번째의 기둥으로부터 삼등분한 거리에 서 있는 두 개의 기둥을 옆으로 보고 지나면, 이쪽 가장자리의 이등변 삼각형의 기본이 되는 저변의 선에 마주치는데, 이 저변의 선은 모든 선의 중심점까지 이어진 수직선에 따라서 똑같이 이등분되고 있었다. 그리고 가장자리의 둔각에서 시작되는 직선은 맞은편 7기둥에 이룰 수는 없었다. 여러분도 잘 알고 있는 것처럼 모든 기수각형에 있어서 각은 항상 두 개의 다른 각 사이에 끼여 있었기 때문이다. 이것으로부터 암암리에 우리는 다음과 같은 것을 알게 되었다. 7개의 반경 선은 기하학적인 비율로 말하면, 그 합계는 그 기점이 되고 있는 원주보다도 길이나 거리가 조금 작지만, 에우클리데스[1]와 아리스토텔레스[2]와 아르키메데스[3], 그 밖의 다른 사람들의 오

1 기원전 300년경 알렉산드리아에서 활동한 그리스 로마 시대의 으뜸가는 수학자이다.

2 고대 그리스 철학자로 그의 스승 플라톤과 함께 그리스 최고의 사상가로 꼽히는 인물로 서양지성사의 방향과 내용에 큰 영향을 끼쳤다.

3 수학, 물리학, 천문학, 기계학 등 광범위한 분야에 업적을 남긴 위대한 천재로 과학의 창시자이다.

래된 가르침에 의하면, 그 길이는 직경 3개의 길이에 대해서 8분의 1반 직경만큼 크든가, 7분의 1반 직경만큼 작든가 하기 때문이다.

우리가 신전에 들어갔을 때, 우리의 시선에 나타난 첫 번째 기둥은 유리 색으로 하늘빛 사파이어로 되어 있었다.

두 번째의 기둥은 히아신스 돌로 되어 있었는데, 자연의 꽃 그대로의 색을 하고 있고, 여러 곳에 A. I 라는 그리스 문자가 보였는데, 이것은 아약스(Ajax)[1]의 분노의 피가 꽃이 된 모습을 나타내고 있었다.

세 번째 기둥은 벼락처럼 번쩍이는 아나키데스 금강석으로 되어 있었다.

네 번째 기둥은 루비처럼 힘차 보이는 옮은 다색 홍옥으로 되어 있었고, 거기서 솟는 불꽃과 섬광의 끝은 자주빛색을 하고 자수정처럼 보랏빛으로 보였다.

다섯 번째 기둥은 에메랄드로 되어 있는데, 이집트인들의 미궁에 있어서의 세라피스의 기둥보다도 5백배나 더 아름답고, 헤르미아스 왕[2]의 무덤 근처에 누워 있는 대리석 사자의 눈에 붙인 에메랄드보다도 훨씬 더 빛나고 빛을 발했다.

여섯 번째 기둥은 마노로 되어 있는데, 그 유쾌하고 다채로운 반점 무늬와 색깔도 에피루스 왕 피르루스에게 사랑받던 것들은 그 발밑에도 가지 못할 정도였다.

---

1 트로이 전쟁 때 그리스 군에 가담해 싸운 용장으로 트로이 낙성(落城) 때 그리스 군 수뇌들과 전리품 분배로 불화가 일어나 분노하여 자살했는데, 그 피에서 그의 이름이 꽃잎에 적힌 아이리스 꽃이 생겨났다.

2 기원전 4세기 미디아의 왕으로 추측되며 그의 무덤은 키프로스 섬에 있다.

일곱 번째 기둥은 투명한 월광석으로 되어 있는데, 녹주석처럼 희고 히메토스 산의 벌꿀처럼 빛나고, 그 속에서 달이 보이고, 그것이 하늘에 걸린 모습 그대로의 모양과 변형을 이루어 가득 찼다가도 모습을 감추기도 하고, 상현달이나 하현달의 모양이 되었다.

이 주옥들은 고대의 카르디아인들이나 점성가들에 의해서 하늘의 7개 별에서 유래한다고 하는 보석이었다. 이것은 믿기 어려운 상식으로 판별한 것이지만, 첫 번째 사파이어 기둥 위에는 그 기둥머리의 중심에서 수직선처럼 매우 귀중한 백색연으로 만들어진 사투르누스의 상이 서 있었다. 손에는 낫을 들고 발 아래에는 황금으로 만든 학 한 마리가 있는데, 거기에는 사투르누스[1]신의 신조鳥神가 자연스럽게 잘 어울리는 색채 그대로의 칠보 세공이 가미되어 있었다.

두 번째의 히아신스 돌의 기둥 위에는 유피테르 석錫으로 만든 유피테르[2] 신상이 왼쪽을 보고, 가슴에는 자연 그대로의 색에 칠보로 만든 황금독수리 한마리가 앉아 있었다.

세 번째 기둥 위에는 정련된 순금의 페부스 태양 신상이 있고 그 오른쪽에는 흰 수탉 한마리가 앉아 있었다.

네 번째 기둥 위에는 코린트 청동으로 만든 마르스[3] 신상이 서 있었고 발 아래에 사자 한마리가 있었다.

다섯 번째 기둥 위에는 아리스토니다스[4]가 아타마스[5]의 상을 만들

---

1 고대 로마의 농경의 신.

2 유피테르는 올림포스의 지고의 신으로 큰 독수리를 양육하였다.

3 군신으로 이 신의 성조(聖鳥)는 딱따구리이고, 성수(聖獸)는 늑대라고 전해진다.

4 그리스 조각가.

5 테베의 왕으로 유노 신의 노여움 때문에 미쳐 자식 레아코스를 바위에 떨어뜨려 죽

때 사용한 소재와 같은 청동에 새긴 베누스[1] 상이 서 있었고 그 발 아래 비둘기가 있는데, 이 아타마스의 상이라는 것은 추락해서 죽은 아들 레아코스를 바라보며 치욕에 쓰러져 있는 모습을 불그스름한 동의 흰빛으로 나타낸 것이었다.

여섯 번째 기둥 위에는 메르쿠리우스[2] 신상이 서 있는데, 그것은 움직이지 않고 온순하고 부동의 수은으로 되어 있고 그의 발 아래 황새 한마리가 있었다.

일곱 번째 기둥 위에는 은으로 만든 루나[3] 신이 서 있었고 그 발 아래 사냥개 한마리가 있었다.

이 조상들은 제각각 기둥의 3분의 1을 조금 넘는 정도의 높이로 수학자들이 고안하여 정교하게 재현한 것이어서, 풀리클레투스[4]가 예술의 힘을 발휘하여 만들었다고 하는 명작도 여기에 비할 바는 안 되었다.

기둥 주출돌과 기둥머리, 돌머리, 프리스, 코니스는 프리지아 식의 세공을 한 무거운 황금으로 되어 있는데 몽펠리에 근처의 르 레즈 강[5], 인도의 갠지스 강, 이탈리아의 포 강, 트라키아의 헤브루스 강, 에스파냐의 타고스 강, 리디아의 팍톨루스 강에서 나는 황금보다도 더 순수

였다.

1 유명한 사랑의 여신으로 그의 성조(聖鳥)는 비둘기이다.

2 그리스 신화의 헤르메스와 동일시되는 로마신화의 신으로 지혜와 장사의 신이다.

3 달의 신으로 로마신화의 디아나 여신을 말하며, 숲과 들과 사냥의 여신으로 생각되어 사냥개를 데리고 산야를 돌아다닌다.

4 기원전 5세기 아르고스의 조각가로 아르고스 신전에 수족을 상아로 만들었다. 황금의 옷을 입힌 유노 상은 매우 유명하다.

5 이하 갠지스 강, 포 강, 헤브루스 강, 타고스 강, 팍톨루스 강, 모두 사금(砂金)이 나오기로 유명한 강과 하천이다.

하고 질이 좋은 것이었다. 기둥 반원형 사이의 문 장식은 기둥에 사용된 것과 같은 돌로 되어 있고 차례로 다음 기둥까지 돌출되어 나와 있었다. 즉 에메랄드는 히아신스 돌 쪽으로, 그리고 히아신스 돌에서 금강석 쪽으로 각기 연달아 돌출되어 있었다. 기둥의 아치 장식과 기둥머리 위의 안쪽에는 샘을 덮는 것처럼 원형의 뚜껑이 있는데, 그 칠성七星의 상이 서 있는 뒤에서 7각형을 이루면서 눈에 띄지 않게 전체는 반구형으로 되어 있었다. 그리고 이 원형의 뚜껑은 수정으로 되어 있는데, 너무나 순수하고 투명하며, 너무나 광채가 나고, 전체가 완벽하고 균일하게 줄이 흐린데도 상처도 파형 줄무늬도 없이, 크세노크라테스[1]라 할지라도 여기에 비할 만한 것을 찾아 낼 수 없을 것이라고 할 정도였다. 이 원형의 뚜껑 속에는 다음과 같은 것들이 순서대로 그 모양과 특징대로 멋지게 새겨져 있었다. 수대獸帶의 12궁[2]을 나타내는 화상, 각기 특징을 나타내는 듯한 12달의 표상, 하지와 동지, 춘분과 추분, 황도선, 남극의 주의에, 그 밖에 보이는 가장 드러나 보이는 몇 개의 항성恒星도 있었다. 게다가 그것이 너무 멋지게 예술적으로 표현되어 있기 때문에, 나는 네케프소스[3] 왕이나 고대의 수학자 페토시리스[4]가 만든 것이 아닌가 하고 생각했다.

---

1 기원전 4세기의 그리스 철인과 동일인물인지 불분명하다.

2 수대(황도) 12궁은 태양이 황도를 따라 연주운동(年周運動)을 하는 길에 있는 12개의 별자리이다. 즉, 물고기자리, 양자리, 황소자리, 쌍둥이자리, 게자리, 사자자리, 처녀자리, 천칭자리, 전갈자리, 궁수자리, 염소자리, 물병자리.

3 기원전 7세기의 이집트 왕으로 마술과 천문학에 능하였다.

4 이집트의 사제이다. 라블레는 『팡타그뤼엘 제4서』 제 64장에서 '유명한 페토시리스 왕'으로 인용하였다.

이 원형의 천장은 샘물의 중심과 마주보고 거기에 배 모양의 진주 3개가 장식되어 있고, 전부 하나같이 같은 모양을 하고 완전히 눈물무니 장식의 팽이 꼴로 되어 있었지만, 전체가 합쳐서 커다란 백합꽃의 형태가 새겨지고, 그 꽃의 크기는 1팔름[1]을 넘을 만하였다. 꽃받침에서는 7각형(이것은 자연의 여신이 각별히 사랑하는 수이지만)으로 잘라낸 타조 알처럼 큰 석류석이 앞으로 튀어나와 있는데, 놀랍고도 찬탄할 만한 것으로, 이것을 보려고 눈을 들자 우리는 눈을 제대로 뜨지 못할 정도였다. 이 석류석이 번쩍일 때는 태양빛이나 번갯불도 이처럼 강하게 비친 적이 없을 정도였고, 이 석류석 빛은 인도의 마술사 이아르코스의 화염석 빛[2]도 보이지 않게 할 정도로 밝아 12시의 햇빛이 별빛을 흐리게 하는 것과 같았다. 그래서 공정하게 평가하고자 할 때, 아시아와 아프리카, 유럽 모든 지역의 보물이나 진기한 물건들보다 더 많은 귀중품들이 이 샘이나, 또 앞에서 말한 등에도 잘 갖추어져 있는 것을 쉽게 알 수 있었다.

이제 두 개의 진주를 양쪽 귀에 매단 이집트 여왕 클레오파트[3]라도 자랑할 것은 못된다. 클레오파트라는 이 진주 하나를 삼두집정관인 안토니우스 앞에서 식초로 녹여 물로 만들어 마셨는데, 그 진주 귀걸

1 약 20센티미터.

2 이아르코스는 인도의 마술사 히아르 카스이고, 화염석은 강열하게 광채를 내는 붉은 돌의 일종이다.

3 고대 이집트 프톨레마이오스 왕조의 여왕(기원전 69-기원전 30)으로 남동생 프톨레마이오스 13세와 나라를 공동으로 통치하다가 왕위에서 쫓겨났으나 카이사르의 도움으로 복귀하였다.

이의 가격이 천만 세스테르우스[1] 이었다.

로마의 모든 시민들의 찬탄의 대상이 된 에메랄드와, 진주를 능직으로 짜서 만든 옷을 입은 폼페이 플로티나도 자랑하게 내버려둘 수 있지만, 이 로마 도시는 전 세계의 날고뛰는 기라성 같은 강도들의 소굴이 있는 곳이었다.

샘에서 물은 고급 진주로 만들어진 3개의 작은 관과 홈에서 흘러넘치고 있는데, 이 홈과 작은 관은 앞에서 말한 샘물 가장자리에 있는 세 군데의 이등변 삼각형 정점에 붙어 있고 2개로 갈라진 나선형관에 연결되어 있었다. 우리가 이것을 자세히 보고 나서 다른 곳에 눈을 돌렸을 때, 바크뷔크는 우리에게 물 흐르는 소리에 귀를 기울이라고 말했다. 멀리 깊은 땅 속에서 울려나오 것처럼 소리가 거의 나지 않는 듯 조용하기는 했지만, 그 소리는 그런대로 옆에서 명확하게 들을 때보다도 훨씬 더 기분이 좋았던 것 같았다. 우리의 정신은 눈의 창을 통해서 앞에서 말했던 여러 가지 것들을 즐긴 때처럼, 이 조화로운 소리를 들으며 우리의 귀를 즐겁게 했다.

그때 신관 바크뷔크가 우리에게 말했다.

"여러분 철학자들은 도상圖像의 힘에 의해 운동이 일어나는 것을 부정합니다. 여기서 귀를 기울이어 그 반대되는 것을 보십시오. (심장의 우심방으로 들어가는 대정맥 관에서처럼) 내부의 만곡부의 하나하나에 5개의 돌아가는 꽃문양 주형이 붙어있는 저 2개의 나선형 관만을 통해, 이 성스러운 샘물이 흘러나와 바로 지금 듣는 것 같은 아름다운 소리

1 은화.

를 내며 여러분의 세계의 바다로 흘러가는 것입니다." 그리고 나서 바크뷔크가 우리에게 술을 마시라고 권했다.

이것은 여러분이 알아야 할 일이지만, 우리는 꽁지깃을 쳐주지 않으면 모이를 먹지 않는 참새처럼, 막대기로 심하게 두들겨 패지 않으면 술도 마시지 않고 아무것도 먹지 않는 송아지들과는 다르기 때문이다. 예의 바르게 한잔 마시라고 권해 준 사람에게 우리는 결코 거절한 사람은 아니다. 바크뷔크가 술맛이 어떠냐고 우리에게 물었다. 우리는 맛도 좋고 시원한 샘물처럼 느껴지며, 에톨리의 아르기론데스[1], 테살리아의 페네우스[2], 미그도니아의 악시우스[3], 킬리키아의 키드누스[4]의 물보다도 훨씬 맑고 빛난다고 말했는데, 마케도니아의 알렉산드로스 대왕은 키드누스의 물이 너무 아름답고 맑고, 한여름에도 차가운 것을 보고 이 물로 목욕하는 즐거움과 이런 일시적인 즐거움으로 말미암아 걸리는 질병 사이에서 주저했다고 한다.

"하! (바크뷔크가 말했다) 그렇다면 음식이 위장으로 내려갈 때, 실팍진 혀가 어떤 움직임을 하는가를 여러분은 생각하지도 않고 알지도 못하는 것이 됩니다. 이국의 여행자님들, 옛날에 텐테스라고 하는 피틸로스가 한 것처럼, 도료를 발랐거나, 포석을 깔았거나, 칠보로라도 덥혀 있다는 것입니까? 이 신성한 물맛을 알지 못한다는 말입니까? 이리로 가지고 오시오, 바크뷔크가 시녀들에게 말했다. 다들 잘 알고 있

1 그리스 중부 지방.

2 그리스 북부 지방.

3 옛 마케도니아.

4 터키 지역.

는 내 청소 빗자루를 말이오. 이분들에게 입 속의 더러운 것을 다 긁어내고 장애물을 제거하여 깨끗이 청소해드리고 싶습니다."

이에 멋지고 굵어서 좋아 보이는 햄과 멋지고 큼지막해서 좋아 보이는 훈제 소혀와 멋지고 맛있는 소금에 절인 식품, 굵고 짧은 소시지, 맛있고 멋진 큰 짐승고기로 만든 순대, 그 밖의 이런 종류의 목의 먼지를 긁어내는 도구가 운반되었다. 바크뷔크의 명령에 의해서 우리가 이것들을 먹고 위장이 충분히 소제되어 목말라 참기 힘들게 되었을 때, 우리는 다음과 같은 말을 들었다.

"옛날에 박식하고 용감한 한 유대인 대장이 백성을 이끌고 극심한 굶주림을 겪으며 사막을 건넜고 하늘에서 내려온 만나를 얻었는데[1], 그의 생각대로 그 양식은 지금까지 실제 먹었던 음식과 맛이 똑같았습니다. 여기서도 마찬가지입니다. 이 놀라운 물을 마실 때, 여러분이 이것을 술이라고 생각하면 그대로 술맛을 느끼게 될 것입니다. 자, 그렇게 생각하시고 마십시오."

우리는 그녀가 말한 대로 했다. 그러자 파뉘르쥬가 외치며 말했다.

"정말이지 이건 아직까지 마셔본 적이 없는 맛있는 보느[2]의 포도주입니다. 그렇지 않으면 악마 90마리에다 16마리에게 잡혀가도 좋습니다. 좀 더 오랫동안 이 맛을 즐기려면 필록세누스가 바란 것처럼 목이 3쿠데[3] 정도 길어졌으면 좋겠습니다! 아니면 멜란티우스가 바랬던 것

---

1 모세를 가리킨다. 구약성경 「출애굽기」 16장 31절과 「민수기」 11장 7절-9절에 의거하고 있다.

2 프랑스 부르고뉴 지방의 포도주 명산지.

3 약 1미터 50센티미터.

처럼 두루미 같은 긴 목을 갖고 싶습니다!"

"등 제조인의 믿음으로 걸고서, 이건 활기차고 날아다니는 듯한 그라브[1]의 포도주입니다. 오, 제발 사제님, 이런 좋은 술을 만드는 방법을 가르쳐 주십시오." 장 수도사가 외쳤다.

"내가 보기엔 미르보[2]의 포도주 맛이 나는 것 같습니다. 마시기 전에 그렇게 상상을 했기 때문입니다. 그것이 얼음보다 차다는 것이 결함이긴 합니다만, 노나크리스[3]와 디르케[4]의 물보다도, 코린토스의 콘토포레이아[5]의 샘보다도 더 차갑습니다. 포도주가 차가운 것은 이것을 마시는 사람들의 위장과 소화기관을 차게 하기 때문입니다." 팡타그뤼엘이 말했다.

"마십시오. 한 번, 두 번, 세 번, 거듭 드십시오. 상상에 따라서 포도주 맛도 달리 변할 것입니다. 그리고 지금부터 신에게 불가능한 일이 있다고는 절대로 말하지 마시기 바랍니다." 바크뷔크가 말했다.

"결코 그런 말은 하지 않습니다. 우린 주께서 전능하시다는 것을 단언하는 바입니다." 내가 대답했다.

---

1 프랑스 남서 지롱드 지방의 지역 이름.

2 프랑스 남부 랑그독 지방의 포도주 명산지.

3 그리스 신화에 나오는 지명(현재 솔로스)으로 '검은 물'로 유명하다.

4 스위스 지명.

5 그리스 남부에 있는 샘.

제43장 바크뷔크가 술병 신의 신탁을 받기 위해서 파뉘르쥬에게 몸치장을 하게 한 일

바크뷔크가 이런 말을 하고 술잔을 나누며 물었다.

"여러분 중에서 어느 분이 술병 신의 신탁을 받고 싶습니까?"

"접니다. 이 천하고 작은 깔때기 같은 접니다." 파뉘르쥬가 대답했다.

"여보시오, 당신에게 가르쳐줄 것이 하나 있습니다. 신탁을 받을 때가 되면 정성을 다해 어떤 일이든 간에 한쪽 귀로만 듣도록 하시오." 바크뷔크가 말했다.

"그건 가장 좋은 '한쪽 귀 포도주'[1]란 뜻이네요." 장 수도사가 말했다.

이어 신관 바크뷔크는 파뉘르쥬에게 긴 외투를 입게 하고, 멋있고 새하얀 끈이 달린 모자로 머리를 싸고, 장식술 대신 3개의 '거는 끈[2]'이 있는 힙포크라스 포도주 거르개[3]를 씌우고, 장갑 대신에 낡은 2개의 브라게트를 끼게 하고, 함께 매단 바람피리 3개를 허리에 달게 하고,

---

1 양모 천에 생산지를 나타내는 표지(標識)로 '귀'가 붙은 것은 귀중이 여겼다. 라블레는 『가르강튀아』 제5장에서 가장 좋은 포도주에는 '양모의 귀'가 달렸다고 말한다.

2 단추가 없던 시대에 단추역할을 한 가죽 끈.

3 헝겊이나 가죽으로 만든 깔때기 모양의 기구.

샘물에 얼굴을 3번 담그게 하고는 그 얼굴에 한 줌의 밀가루를 뿌리고, 3개의 수탉 꽁지깃을 힙포크라스 포도주 거르개의 오른쪽에 놓고, 샘의 주위를 9번 돌게 한 다음, 3번 깡충깡충 멋지게 뛰어오르게 하고, 7번 엉덩방아를 찧게 했는데, 항상 바크뷔크는 그러는 동안 에트루리아 말[1]로 알 수 없는 주문을 외거나, 한 신비입문사제가 옆에서 가지고 있던 제식서를 이따금 읽곤 했다.

결국 로마인의 두 번째 왕 누마 폼필리우스[2]나 에트루리아의 카에레[3] 마을사람들이나, 성스러운 유대의 대장이나, 내가 여기서 본 것과 같은 많은 전례의식은 결코 하지 않았다고 나는 생각한다. 또한 이집트의 아피스 신에게 봉사하는 멤피스의 예언법사와 람누시아에 대한 람누스 마을의 에우보에아 사람들도, 유피테르 암몬도, 페로니아도, 내가 여기서 본 것만큼 오래 된 수도원의 엄격한 계율은 지켜지지 않았다고 생각한다.

바크뷔크가 이처럼 몸치장을 한 파뉘르쥬를 우리에게서 떼어놓고, 그의 오른손을 잡고 황금의 문에서 신전 밖으로 끌고 나가 맑고 투명한 운모로 만들어진 원형의 본당으로 안내했다. 이 운모는 조금도 흐림이 없을 만큼 투명하여 창이나 그 밖의 창구가 없어도 햇빛이 잘 들고, 바위 낭떠러지처럼 쌓인 석재에 부딪쳐 빛이나 본당 전체를 덮을 정도로, 그 빛이 밖에서 오는 것이 아니라 신전 안에서 비치는 것처럼 보였다. 이 신전의 건축 양식은 라벤나의 성스러운 신전이나, 이집트

1 고대 토스카나 언어.

2 농경의식을 설정한 로마 왕.

3 에트루리아의 남쪽 지방 이름.

의 켐니스 섬의 신전의 옛날 모습 이상으로 감탄할 만한 것이었다. 이 원형의 본당 건축법은 대칭이 정확하고 잘 잡혀 있어서 원의 직경이 둥근 천장의 높이와 같았다.

이 본당의 중앙에는 순수 설화석고로 만든 7각형의 샘이 있고, 거기에 이상한 나뭇잎 모양의 세공과 장식이 되어 있고, 원소 그 자체로 느껴질 정도로 맑은 물이 가득 차 있는데, 그 물속에 성스러운 포도주 병이 반쯤 담가져 있었다. 이 술병은 전부다 순수 수정으로 되어 있고 타원형이었는데 가장자리가 약간 부풀어 있었다.

제44장 신관 바크뷔크가 파뉘르쥬를 그 술병 앞으로 데리고 간 일

고귀한 신관 바크뷔크가 파뉘르쥬에게 몸을 숙여 샘물가에 입을 맞추게 했다. 그리고 그의 몸을 일으켜 이팀봉[1] 춤을 3번 추게 했다. 이어서 거기에 준비해 둔 안장 2개 사이에 앉히고 엉덩이가 지면에 닿게 하라고 말했다. 그리고 나서 제식서를 펴고 파뉘르쥬의 왼쪽 귀에 속삭이며 다음과 같은 에필레미[2]를 부르게 했다.

"오, 신비로 가득 찬 술병 신이여,
난 한쪽 귀로도 그대의 목소리를
듣겠나이다. 당장에, 내 마음이 간구
하는 말을 베풀어주소서. 이처럼

거룩한 성수聖水에 인도를 정복한 바커스는 모든 진실을 간직하도다. 성스러운 신주神酒여, 그대가 있는 곳에서 멀리 떨어져 있으시오. 모든 허위와 모든 기만은 노아의 시대에는 극도의 기쁨이 되지만 그대가 그 비법을 우리에게 베푸나이다. 원하건대, 내 고통

1 바쿠스에게 바친 익살맞은 노래나 춤의 일종이다.

2 포도수확 때나 포도열매를 터뜨릴 때 부르는 수확의 노래로, 이 축제기간에 시인들은 우스꽝스러운 노래나 바커스를 찬양하는 익살맞은 시를 만들었다.

을 삭혀주는 아름다운 말을 베풀어주소서. 이처럼 한 방울도 잃어버리지 않게 하겠나이다. 흰 것이나 붉은 것이나 모두.

오, 신비로 가득 찬 술병 신이여,
난 한쪽 귀로도 그대의 목소리를
듣겠나이다. 당장에."

이 노래가 끝나자 바크뷔크가 샘 안에 무엇인지 모르는 것을 던져 넣었다. 그러자 '몽둥이 축제[1]'가 열릴 때 부르궤유의 큰 솥처럼 샘물이 용솟음치기 시작했다. 파뉘르쥬는 한쪽 귀를 기울이고 말없이 듣고 있었다. 바크뷔크가 파뉘르쥬 곁에 무릎을 꿇자 신성한 술병에서 어떤 소리가 들려왔다. 그것은 아리스테우스[2]의 기술과 창의에 의해서, 도살되어 해부된 어린 황소고기에서 태어난 꿀벌이 내는 소리와도 같았고, 쇠뇌 화살의 삐걱 소리, 아니면 여름날 갑자기 내리는 큰 빗방울 소리와 같았다. 그리고 '마셔라' 라는 말이 들렸다.

"주께 걸고서, 이 술병은 틀림없이 깨졌거나 금이 나 있습니다. 우리 나라의 수정 병도 불 앞에서 파열할 때는 저런 소리가 납니다." 파뉘르쥬가 말했다.

바크뷔크는 자리에서 일어나 살갑게 파뉘르쥬의 한쪽 팔을 잡고 안아 일으키며 말했다.

"여보시오. 주께 감사를 드리시오. 당연히 그래야 합니다. 술병 신의

1 앙쥬(프랑스 중서부) 근처의 부르궤유에서 행하여진 각종 직업조합의 축제로, 이 마을에 '생 피에르 드 부르궤유'라는 베네딕트파의 사원이 실존하고 있다.

2 아폴로의 아들로 양봉과 약초의 신이다. 베르질리우스에 의하면 꿀벌들이 전멸된 뒤, 소를 닌페에게 바치자 9일째 되는 날에 죽은 소에서 꿀벌이 많이 태어났다.

신탁을 홀연히 얻었기 때문입니다. 지금 이 말은 내가 여기서 그 성스러운 신탁을 주관하게 된 이래로 있었던 그 어느 때보다도 훨씬 더 즐겁고 신성하고 확실합니다. 일어나 집합소로 가십시오. 저기 주해서를 펴보면 이 멋진 말의 뜻을 알 수 있습니다."

"갑시다. 주께 맹세코, 저는 전과 다름없이 현명합니다. 불을 밝히세요. 어디에 그 책이 있나요? 어디에 그런 글이 있나요? 이 즐거운 주석을 보시죠." 파뉘르쥬가 말했다.

제45장 바크뷔크가 술병 신의 말을 해석한 일

신관 바크뷔크가 샘물 속에 무엇인지 알 수 없는 것을 던져 용솟음치던 물이 가라앉자, 파뉘르쥬를 신전 중앙에 생기 넘치는 샘이 있는 본당으로 데리고 갔다. 거기서 은으로 만든 큰 책을 끌어냈는데, 그것은 술통 반 정도 『잠언집』의 4권[1] 같은 모양을 하고 있었다. 그것으로 샘물을 푸고 말했다.

"여러분 세계의 철학자와 설교사들, 박사들은 아름다운 말로 여러분의 귀를 만족시켜 줍니다. 여기서 우리의 가르침을 입을 통해 여러분의 것으로 만듭니다. 그래서 나는 '이 글을 읽고 이 주해를 보라'고 말하지 않습니다. '이 글을 맛보고 이 아름다운 주해를 삼키라'고 말합니다. 유대 나라의 어느 고대 예언자는 책 한권을 먹고[2], 이 끝까지 찰 정도로 완벽한 학자가 되었습니다. 지금 이것을 한 잔 마시면 간장에 이르기까지 학문을 지니게 됩니다. 자, 입을 벌리십시오."

---

1 언어유희로 12세기 피에르 롬바르의 『잠언집 제 4권』은 일종의 신학백과사전 중에서 가장 중요한 단락이었다.

2 구약성경 「에스겔」 3장 1절 3절에 의거한다. '또 그가 내게 이르시되 인자야 너는 발견한 것을 먹으라. 너는 이 두루마리를 먹고 가서 이스라엘 족속에게 말하라 하시기로 내가 입을 벌리니 그가 그 두루마리를 내게 먹이시며 내게 이르시되 인자야 내가 네게 주는 이 두루마리를 네 배에 넣으며 네 창자에 채우라 하시기에 내가 먹으니 그것이 내 입에서 달기가 꿀 같더라.'

파뉘르쥬가 입을 크게 벌리자, 바크뷔크는 은으로 만든 책을 손에 들었다. 우리는 기도서 같은 모양을 보고 책이라고 생각했는데, 그것은 기도서 모양의 술병으로 그 안에 파레르느[1] 포도주가 가득 들어 있었다. 파뉘르쥬에게 그것을 다 마시게 했다.

"이건 멋진 명언이고 오류가 없는 주해입니다. 가장 위대한 술병 신이 말씀하시려는 뜻이 이게 전부입니까? 진실로 멋집니다." 파뉘르쥬가 말했다.

"그 이외에 아무것도 없습니다. (바크뷔크가 대답했다) 이 트린크는 모든 나라 사람들이 찬양하고 인정하는 만국 공통의 말로 '마셔라'라는 뜻이기 때문입니다. 여러분의 세계에서 섹(sac)이라는 말은 모든 나라 말에 공통되며, 모든 나라사람들이 사용하는 것도 지극히 당연한 것입니다. 그것은, 이솝의 우화에 있는 것처럼, 모든 인간은 목에 주머니 하나를 달고 태어나고 천성적으로 몸이 허약하고 서로 적선을 해야만 하는 처지이기 때문입니다. 이 세상에서 아무리 권세가 있는 왕도 타인의 도움 없이는 살 수 없고, 아무리 거만한 가난한 자도 부자의 도움 없이 살 수 없고, 모든 일을 자기 스스로 다한 철학자 힙피아스[2]일지라도 타인의 도움을 빌지 않을 수 없습니다. 그리고 주머니 없이도 살 수 있지만 마시지 않고서 살 수는 없습니다. 그리고 여기서 웃는 일이 아니고 마시는 일이야말로 인간의 본성이라고 주장하고 싶습니다.[3]

---

1 이탈리아 캄파니아 지방의 고대부터 유명한 포도주의 명산지.

2 플라톤과 키케로와 동시대인이다. 기원전 5세기경의 그리스 엘리스의 궤변철학자로 모든 일을 할 수 있는 기술을 가졌다고 자화자찬하고, 많은 사례금을 받았기 때문에 플라톤에게 우롱 당했다.

3 라블레는 『가르강튀아』의 「독자에게」 10행시 말행에 '웃는 것이 인간의 본성'이라고

나는 그저 단순히 마신다는 것은 아닙니다. 짐승들도 그렇게 마실 줄은 알기 때문입니다. 내가 말하는 것은 맛좋고 싱그러운 포도주를 마시는 일입니다. 여러분도 유념해 주실 것은 신성한 술을 마시면 기분이 좋다고 하는데, 이보다 더 확실한 논법은 없고 오류 없는 예언법도 없습니다. 여러 아카데미 학파의 사람들도 이 점을 주장하고, 포도주라는 말의 어원을 말하고 있고, 이 말은 그리스어로 οἱνος라 하지만 라틴어의 vis에 해당되고 힘, 원동력이란 뜻을 갖고 있다고 합니다. 포도주는 영혼을 모든 진리와 지식과 학문으로 충만하게 하는 힘을 가지고 있기 때문입니다. 여러분이 이 신전 정문위에 이오니아 문자로 기록한 것을 보신 이상, 술 속에 진리가 숨겨져 있다는 것을 이해하셨으리라 생각합니다. 술병 신이 여러분을 이곳으로 인도한 이유에 대해서는 여러분 자신이 판단하시기 바랍니다."

"이 존귀한 신관님보다 뛰어난 명언을 할 수는 없을 것이다. 내가 처음으로 이번 일을 자네에게 들었을 때도 같은 말을 하지 않았나.[1] 그럼 마시게. 바커스의 열광에 사로잡힌 자네의 마음은 어떤가?" 팡타그뤼엘이 말했다.

"선량한 바커스의 이름으로 마시겠습니다." 파뉘르쥬가 말했다.

"하, 호, 호, 엉덩이 아래를 보리라.

썼는데, 이것은 라블레의 철학사상의 한 단면을 나타낸다. 1564년 '웃음' 대신에 '마시는 것'이 '인간의 본성'으로 변모했다.

1 『팡타그뤼엘 제 3 서』 제 9 장 이하에 대한 회상으로 파뉘르쥬는 자신의 결혼문제에 대해서 처음으로 팡타그뤼엘의 의견을 구했다.

순식간에 음낭의 무게
그 속이 가득 찬 것은
나의 작은 자비.
무엇이라고요?
내 마음을 이해하는 사제의 말씀으로는
내 마을에서 이제 곧
결혼을 할 뿐만 아니라,
기쁨에 넘치는 아내가
베누스 싸움을 걸러 온다고 하니라.
무슨 싸움을 하는지. 난 준비를 하리라!
내가 경작해 주리라.
좀 더 다가가서 얼마든지 넣어주지.
난 영양상태가 좋기 때문에
난 좋은 남편이지.
좋은 사람들 중에서도 정말 좋은 사람이지.
에헤, 에헤야 디야!
결혼, 결혼, 결혼.
장 사제, 내가 자네에게 정말로 진실하게 맹세하지만,
분명코, 이 신탁에는 잘못이 없네.
이 신탁은 확실하고 숙명이네."

제 46 장 파뉘르쥬와 다른 사람들이 시적 광란에 사로잡혀 운문을 달고 논 일

“자네 미쳤나, (장 수도사가 말했다) 아니면 무엇에 사로잡히기라도 했나? 아니 거품을 뿜고 있으니 다들 들어보시죠. 파뉘르쥬가 어떻게 시를 썼는지. 모든 악마들이라도 잡아먹었나? 눈이 빙글빙글 돌며 죽어가는 염소 같네! 좀 더 멀리 저쪽으로 물러갈 건가? 더 멀리 가서 똥이라도 누려는 것인가? 뱃속에 들어 있는 것을 비우려고 개들이 먹는 약초라도 먹으려고 그런가? 아니면 우울한 마음을 가라앉히기 위해서 수도사들이 하듯이 목구멍 속으로 팔꿈치까지 주먹을 처넣으려고 하는가? 다시 정신을 차릴 것인가?”

팡타그뤼엘은 장 수도사를 나무라며 말했다.

“이건 선량한 바커스의 시적 광기이다.
이 맛있는 포도주에 취하고
술에 취해 시를 쓴 것이지.
왜냐하면, 경멸하지 않고,
그 정신은 빼앗겨
정신이 하나도 없게 되었기 때문이지.
저 신주의 힘으로,

외치고 웃다가,
웃음에 사로 잡혔지.
지금,
온화한 마음으로
운문을 쓰며 노는 것이,
우리의 웃음을
제어한 왕자이다.
그 뇌에 광신이 깃들여 있어,
이처럼 고귀한 주객을 조롱하다니,
내게 도가 지나친 조롱이 되겠네."

"뭐라고요? (장 수도사가 말했다) 전하께서도 시를 짓고 노시는 겁니까! 주께 걸고서, 우린 모두 흥취 되었습니다. 가르강튀아 왕께서 우리의 이런 모습을 보셨으면 합니다! 정말로 전하를 따라 운을 달고 놀 것인지, 그러지 말아야 할 것인지, 전혀 알 수가 없습니다. 하지만 우린 시에 흥취 되었습니다. 성 요한에게 걸고서, 다른 수도사도 시 정도는 쓸 수 있는 것처럼, 제가 시를 한번 써 보겠습니다. 저의 시적인 감각은 나름 뛰어나거든요. 잠시만 기다려주십시오. 그럼 저의 서투른 시를 한번 봐주십시오."

"오, 주여, 자비로우신 아버지,
물을 술로 바꿔주셨으니,
내 엉덩이로 등불을 만들어
내 이웃을 비쳐주소서."

이어 파뉘르쥬가 말을 계속했다.

"피티아[1]의 삼각대도 그 지붕 아래에서는,
내린 적이 없었지, 이보다도
확실하고 안전한 대답은 말이야.
그리고 바로 이 샘에
델피에서 옮겨와
분명 자리를 차지하는구나.
플루타르크도 우리들처럼,
이 술을 마시면 의심하는 이유는 없어지니,
무슨 이유로 델피의 신탁의 소리가
수도원에서 보다 더 조용하고
아무 대답도 하지 않는 것을.
그 이유는 꽤 간단한데
숙명의 삼각대는 델피에 없고
지금 여기에 자리하고 있어,
모든 것을 예언하시기 때문인데.
아테나에우스[2]가 우리에게 말하기를
이 삼각대야말로 술병이고,
최고급 포도주로, 즉 진리의 술로
차고 넘치어 있었노라.

---

1 델피의 아폴로 신의 여사제로 연기가 뭉게뭉게 피어오르는 불 위에 놓인 일종의 삼각대 '시렁' 위에 앉아서 신탁을 내린다.

2 아테나에우스는 '피티아의 시렁'을 '병(瓶)' 또는 '손잡이가 둘 달린 술잔'에 비유하였다.

예언의 기술은 수없이 많으나,
이런 진실을 말하는 것은
술병 신에게서 들은 말을
암시하는 것을 제외하고는 없도다.
자, 장 수도사, 권하겠네.
우리가 여기에 있는 동안,
자네도 장엄한 술병에게서
신탁을 받기로 하고
어떤 장애로 말미암아
결혼 할 수 없는 지를 듣는 것이지.
그럼 서둘러야지, 그런데 변화가 두려워,
마라바캥[1] 대왕의 일 막을 시작하게나.
그놈에게 밀가루를 뒤집어씌우게나."

장 수도사가 매우 화가 치밀어 오르자 말했다.

"결혼 같은 소리하고 있네! 큰 장화에 걸고서,
성 브누아의 가죽각반에 걸고서 말이야.
날 잘 알고 있는 자라면,
알고 있지, 난 자네처럼 결혼해서
완전히 짓눌러서 찌그러지기보다는
지옥에 빠지는 것이 더 좋지.

---

1 아무라의 아들로 터키 황제 바자제 1세를 가리키나, 중세의 광대놀이에 등장하는 인물로 신탁을 받기 위해서 기태(奇態)의 분장을 한 파뉘르주의 모습과 연관이 있어 보인다.

뭐라고! 내 자유를 뺏기라고?
한 여자에게 영원히 얽매이라고?
주의 이름으로.
알렉산드르도,
카이사르도, 또 그 사위라도.
세계의 가장 용감한 무사라도
결코 날 잡아놓을 수는 없지."

파뉘르쥬가 긴 외투와 밀교비의의 분장을 벗고 말했다.

"또한 자넨 더러운 짐승,
저주받은 뱀처럼 지옥에 갈 거다.
난 주의 수금(竪琴)이 되어 구원받아
천국에서 건장한 남자.
그때에 이 가련한 방탕한 사제야,
내가 하늘에서 자네에게 오줌 누는 것을 확신하노라.
하지만, 잘 들어라, 지옥 아래에서,
노련한 대악마에게 붙들리면,
깜짝 놀라겠지만,
프로세르피나[1] 부인께서
자네의 브라게트 속에 숨어 있는
가시나무 때문에, 보이는 것이 없어져,
자네의 거룩한 귀물에

1 명계의 여왕.

완전히 반하게 되면,
때는 왔다고 좋아하며
그의 몸을 올라타서는
함께 감미롭게 노래를 부르지.
늙어빠진 몽상가 루시퍼[1] 같은 자는
지옥의 최고 술집의
술이라도 먹으라고 보내놓고서
음식이라도 줘야지 않나?
마누라는 결코 거역하지 않지,
선량한 수도사들에게는, 그리고 그녀가 미인이라도."

"그만하게, 이 늙어빠진 미친 놈, 악마에게 잡혀 먹혀라! 난 더 이상 시는 못 만들 것 같네. 운이 내목에 걸려서 도저히 못 하겠네. 여기서 그것을 어떻게 해야 할지 상의하세." 장 수도사가 말했다.

---

1 염라대왕과 악마의 두목으로 그리스도교 신화와 그리스 로마신화가 뒤섞여, 지옥의 여왕 프로세피나의 남편 같은 존재이다.

제47장 바크뷔크와 작별을 하고 술병 신의 신탁을 단념한 일

"이곳에서, (바크뷔크가 말했다) 그 일은 너무 걱정하지 마십시오. 우리에 대해 만족하신다면 모든 일이 생각대로 잘 될 것입니다. 저기 중심지역에 우린 지고한 선을 확립했는데, 그것은 이것을 자기 소유로 하거나 받으려고 한 것이 아니라 확장하고 나눠주기 위한 것입니다. 여러분 세계의 여러 종파가 결정하는 것처럼, 우린 이것을 남에게 뺏어서 내 것으로 만들거나, 만족할 줄 모르고 이것을 얻으려고 하지 않고, 남에게 많이 주어 퍼뜨리는데 우리의 행복이 있다고 생각하고 있습니다. 다만 이 제전용의 책에 여러분의 성명과 국명을 적어주시기를 부탁드립니다."

이어 바크뷔크는 멋진 큰 책을 펴고 거기에 한 신비입문 담당사제가 우리가 하는 말을 적었는데, 황금의 바늘로 몇 줄의 선이 무엇을 쓴 것처럼 그려졌다. 그러나 그 내용은 우리에게 전혀 보이지 않았다.

그 일이 끝나고 바크뷔크는 그 불가사의한 샘물을 가죽부대 3개에 넣어 우리에게 주면서 말했다.

"여러분, 우리가 신이라고 하는 이 이념의 구체 세계[1]의 보호 아래 가십시오. 이 세계의 중심은 도처에 있지만 그 주변은 어느 곳에도 없

1 신(神)을 말한다.

습니다. 그리고 여러분의 세계에 돌아가시면 진귀한 보물과 경탄할 만한 것이 지하에 감춰져 있다는 것을 증명해 주십시오. 또한 농업기술을 가르쳐 밀을 발명하고, 사람들이 도토리라고 하는 조잡한 먹이를 따는 것을 폐지하게 했기 때문에, 이미 온 세상 사람들의 숭배를 받고 있는 케레스[1] 여신이 그의 딸[2]을 우리들의 지하세계에 뺏긴 것을 그토록 몹시 슬퍼한 것도 잘못은 아닙니다. 분명 딸이 지하에서 그 어머니로서 자신이 지상에서는 만들지 못한 귀한 재물과 경이로운 것을 발견하는 것을 모르고 있었기 때문입니다."

"옛날 현명한 프로메테우스[3]가 발명한 천계에서 격렬한 벼락과 번개를 불러내는 기술은 어떻게 되었습니까? 분명히 여러분은 그것을 잃어버렸습니다. 그 기술은 여러분이 사는 세계를 떠나 이곳 땅속에서 사용되고 있습니다. 그래서 여러분은 가끔 벼락이나 번갯불로 불타오르는 것을 보고 놀라는데, 누구에게서 이런 소름끼치는 재난이 도대체 어디서 오는 것인지 그 이유를 모르고 있는 것입니다. 이런 재난이 여러분의 눈에는 끔찍하게 보이겠지만 우리에게는 익숙하거나 유익한 것이기도 합니다. 여러분의 철학자들은 모든 것이 옛날 사람들에 의해서 기록되었고 새로운 것을 발명할 여지가 전혀 없다고 불평을 하고 있지만, 이것은 명백한 과오입니다. 하늘로부터 나타나는 것, 성신현상이라고 하는 것도, 대지가 여러분에게 제공하는 것도, 바다와 강 속

---

1 고대 로마의 농경의 여신으로 그리스의 데메테르 여신과 동일시된다.

2 프로세피나 혹은 페르세포네. 데메테르의 딸로 명계의 왕 플루톤에게 붙들려 명계의 여왕이 되었다.

3 천화(天火)를 훔친 프로메테우스의 전설에 의거한다.

에 있는 것들도 땅 속에 간직된 것에는 비교가 되지 않습니다."

"따라서 지하세계의 지배자에게는 거의 모든 나라 말로 부유함을 의미하는 이름[1]이 붙어 있습니다. 사람들은 끊임없이 탐구에 전념할 때, 지상의 신의 이름을 부르지만, 옛날에 이 신은 이집트인들이 자기 나라 말로 '모습 없는 자', '숨겨진 자', '은둔자' 라고 부른 것으로 이 이름을 부르면서 구원을 찾고 그 모습을 현현하시옵소서![2]하고 간구했던 것인데, 사람들이 그렇게 하면 지하의 신은 사람들을 위해서 신 스스로의, 또한 피조물들의 지식을 넓혀주실 것은 여러분이 좋은 등에 의해서 안내되는 것과 같습니다. 모든 철학자와 고대의 현인들도 더없이 확실하고 유쾌하게 신적인 지식의 길을 걷고, 예지를 추구하기 위해서는 두 가지가 필요했기 때문입니다. 즉 주의 인도하심과 인간의 동행입니다."

"따라서 철학자들 가운데는 조로아스터[3]는 그 편력의 여행의 동반자로 아리마스페스를 선택하고, 에스클라피오스[4]는 메르쿠리우스를, 오르페우스[5]는 무사이오스[6]를, 피타고라스[7]는 아구라오페모스를, 왕공

1 명계의 왕 플루톤은 재보(財寶)과 부유(富裕)와 통하며, 이 신의 별명으로 말하는 디스(Dis)는 디비스(Divies 부유)와 통한다.

2 구약성경「이사야」45장 15절 말씀에 의거한다. '구원자 이스라엘의 하나님이여 진실로 주는 스스로 숨어 계시는 하나님이시니이다.'

3 이하는 고대의 교조(敎祖), 또는 철학자들로, 조로아스터는 고대 페르시아의 조로아스터교의 교조이다.

4 그리스 신화에 나오는 의술의 신 또는 의사.

5 그리스 신화에 나오는 음악가이자 시인.

6 오르페우스의 제자가 되는 전설적인 시인.

7 기원전 580?-500? 고대 그리스의 수학자, 철학자로 수(數)를 만물의 근원으로 생각하였다.

이나 무사들 가운데 헤라클레스[1]는 가장 어려운 사업을 할 때 테세우스를 유익한 친구로 삼았고, 오디세우스[2]는 디오메데스를, 아에네아스[3]는 아카테스를 동반자로 삼았습니다. 마찬가지로 여러분도 저명한 랑테르느 귀부인을 안내자로 삼으셨습니다. 이제 주의 뜻대로 안녕히 가십시오."

고귀한 팡타그뤼엘의 영웅담 제5서 끝.

1 헤라클레스가 '왕공이나 무사' 범주 속에 드는 것은 여러 가지 위업을 세웠기 때문이다.

2 호메로스의 『오디세이아』의 영웅.

3 베르질리우스의 『아이네이스』의 영웅.

역자 후기

라블레의 마지막 저서,『팡타그뤼엘 제5서』

1564년 출판된『팡타그뤼엘 제5서』[1] 면지 제목에 '선량한 팡타그뤼엘의 영웅적 언행록에 관한 다섯 번째 그리고 마지막 책(*Le Cinquième et Dernier Livre des faicts et dits héroïques du bon Pantagruel*)'이라는 표제가 덧붙여져 있고, 저자 의학박사 프랑수아 라블레는 그 아래에 '신관 바크뷔크의 신탁소 방문과 술병 신의 신탁이 들어 있고, 이 신탁을 얻기 위한 긴 여행이 계획되어 있다'고 밝히고 있다.

그런데 이 책이 '라블레의 마지막 책인가?'라는 근원적인 질문은 16세기 말부터 지금까지 거론되고 있다. 다시 말해서『제5서』의 신빙성과 진위 문제는 출판 당시부터 논쟁의 정점을 이루고 있다. 현재 확인된『제5서』와 관련 출판된 것은 3개의 상이한 판본이다. 먼저 1562년『종이 울리는 섬』과 2년 후 1564년 결정본인『제5서』가 출간되었고, 저자의 이름과 연대 미상의 필사본(N° 1564)이 현재 프랑스국립도서관에 소장되어 있다. 이 3편의 책 모두 작가가 사망(1553년)한 10년 전후로 출판되어 많은 의구심을 갖고 있다.

1562년 출판된『종이 울리는 섬』은 서론과 16장에 불과하고, 1564년 출판된『제5서』는 전체 47장으로 구성되어 있다. 필사본의 경우 서

1 이하『제5서』로 표기한다.

문의 일부분과 46장으로 구성되었는데, 『제5서』의 제23장과 제24장이 누락되어 있고 '랑테르느 나라의 귀부인들에게 저녁식사가 제공된 일(Comment furent les dames Lanternes servies à soupper)'이라는 제목으로 일명 32장 2부로 별개의 장이 포함되어 있다.

『제5서』에 관한 연구의 대부분은 이 작품의 진위 문제에 국한되어 있다고 해도 과언은 아니다. 대개 이 진위 문제 관련 3부류의 전문가 그룹이 존재한다.

첫째, 『제5서』의 전체적 구도는 분명 라블레 자신의 것이라고 주장하는 그룹으로 대부분 프랑스국적의 전문가들

둘째, 한 부분만 라블레의 저서로 인정하자고 주장하는 그룹으로, 작가의 기존작품의 내용을 잘 이해하고 있고, 종교개혁운동에 열정적인 신교도나 출판업자가 가필 또는 수정했을 가능성을 제기하는 부류

셋째, 『제5서』를 위작으로 간주하는 그룹

『제5서』의 위작 가능성을 제기한 전문가들은 라블레의 기존소설과는 문체의 상당한 차이점을 지적한다. 기 드메르송는 『제5서』 비평판본 머리글에서 단조로운 이야기와 무미건조한 문체, 불쾌한 어조와 부조화는 앞서 발표한 4개 소설의 지적 감흥과 영감, 글의 풍부한 재치 등을 고려해 볼 때, 우의적·비유적 표현 등 내심 고심하고 애쓴 흔적이 있어 보이기는 하나, 현저한 대조를 이루고 있다고 주장한다.

서로 다른 초고와 이본들을 검토해 보면, 심혈을 기울이고 공들여 만든 작품 구상과 재구성을 연출한 모작자나, <서문>에서 '잠두'(라블레의 책)라는 신교의 교리를 우의적으로 쓰고 있는 것으로 보아 어느 필력이 탁월한 신교도가 미완성의 작품을 가필했을 가능성을 배제할

수 없다. 그러나 다양한 고증학적 연구와 여러 갈래의 가설과 추측이 난무한 가운데 1998년 로마에서 개최된 라블레 국제학술대회(2001년 '제 5 서'『라블레연구』 40집 출간)에서 라블레의 '초고'에 근거를 두고 있기 때문에 전적으로 위작은 아니라는 전문가들의 주장에 다수가 공감대를 형성한 바 있다.『제 5 서』를 라블레의 독자적인 저술로 단정하기에는 무리가 있기 때문에 에둘러 표현한 것처럼 보인다.

요컨대『제 5 서』의 진위 문제에 관한 논쟁이 계속되고 있음에도 불구하고, 라블레 전집에 이 소설을 포함시키고 있는 것이 16세기 출판 당시부터 현재까지 프랑스의 관례대로 유지되고 있음은 주지의 사실이다. 오랜 기간 동안『제 5 서』의 정통성과 신빙성에 의문을 제기하고 부정적인 입장을 고수했던 영국의 스크리치 교수는 그의 라블레 연구서에서조차 이 소설을 배제했었지만, 2006년 영역판에서『제 5 서』를 포함시킨 점은 매우 의미심장하다.

*　　*　　*

라블레는 '신성한 술병(주신)' 또는 '신비로 가득 찬 성스러운 술병(주신)'이라는 모습으로『팡타그뤼엘 제 3 서』 제 47 장부터 이 신비적인 존재를 등장시키고 있다.『팡타그뤼엘 제 4 서』에서 시작되는 항해 이야기는『팡타그뤼엘 제 3 서』에서 해결하지 못한 파뉘르쥬의 결혼문제('결혼할 것인가?')에 대해서 이 술병 신의 신탁을 받으러 출항하는 에피소드에서 시작된다.『제 5 서』는 기존 작품의 연장선상에서 이 가공적인 여행의 종말을 이야기한다. 기존 소설과의 통일성은 결여되어있지만 이 소설의 에피소드와 중간에 단편적인 일화들이 삽화적으로 들어가 있는 형식과 구도는 매우 유사하다. 팡타그뤼엘과 그의 일행은 수많은 나라와 다양한 형태의 기괴한 섬들을 방문한다. 그들 일행이 방문한 곳에서 일어난 괴상한 일과 사건들, 알레고리적 섬과 기이한 섬 사람들의 모습이 적나라하게 묘사된다.

『제5서』의 전체적인 줄거리와 내용은 제1장에서 제8장까지는 종이 울리는 섬에 관한 에피소드, 제9장 페르만 섬의 도착, 제10장 카사드 섬의 도착, 제11장에서 제15장까지는 샤 푸레 족의 대공 그리프미노가 지배하는 기셰 섬과 성城의 방문, 제16장 우트르 섬을 통과한 일, 제17장 팡타그뤼엘의 배가 좌초당한 일, 제18장에서 제24장까지는 캥트 에상스의 왕국과 여왕에 관한 에피소드, 제25장 여러 길이 나 있는 오드 섬의 상륙, 제26장에서 제28장까지 모든 질문에 단음절로 대답하는 프르동 수도사들이 사는 에스클로 섬의 도착, 제29장과 제30장 사틴 나라의 방문, 제31장과 제32장 랑테르누아 나라 이야기, 마지막으로 제33장에서 제47장까지 술병 신의 신탁의 섬의 도착에서 파뉘르쥬가 신탁을 받기 위한 일련의 과정 등, 여러 가지 일화들로 구성되어 있다.

『제5서』는 정치적·사법적·종교적 권위에 대한 거침없는 해학과 풍자를 재구성하고 있다. 라블레가 풍자의 대상으로 삼고 있는 부류는 다양하다. 그는 인간의 교만과 탐욕, 부조리한 태도와 행태를 비난하며 풍자하고, 인간의 어리석음과 사기꾼이라고 생각했던 사람들과 위선자들, 특히 법조인들과 종교성직자들의 탐욕과 권력남용을 냉소적으로 조롱하며 비판한다. 풍자의 강도가 이전의 작품들보다 훨씬 더 신랄하고 직설적이며 매우 공격적인 양상을 띠고 과격한 어조로 증오의 감정을 그대로 드러내기도 한다.

수도사 출신이며 환속 사제인 라블레는 수도사의 모습과 행태를 부정적인 시각으로 묘사하고 상당히 과격한 어조로 때로는 웃음으로 조롱한다. 가령 사제나 수도사에 대한 '천박한 이름'과 다양한 수식어를 정리하면, '방탕한 사제', '이단자 냄새가 나는 추잡한 수도사', '세상에서 가장 가련한 프르동 수도사', '허리가 굽은 귀여운 탁발수도사', '장화를 신은 귀여운 설교수도사', '흙투성이의 귀여운 고해청문수도사', '소금에 절인 악마처럼 깡마른 수도사', '나막신을 신은 초라한 수도사들', '악독하고 쓸모없는 수도사들', '카고 위선자 사제', '나쁜 거지 사제', '낡고 더러운 사제용 두건' 등 다소 과격한 표현들이 즐비하다.

또한 법조인들에 대한 비판도 가히 상상을 초월하는데, 특별히 재판관들에 대한 풍자가 주목을 끈다. 라블레는 재판관을 둘로 나누는 자로 정의한다. 즉 전체를 둘로 나누어 각기 그 몫을 나눈다는 뜻으로, 제 11 장과 제 12 장에서 말먹이까지도 먹는 탐욕스런 인간이란 뜻으로 '마쉬포앵' 신조어를 사용하여 법조인들의 강한 탐욕을 질타한다. 게다가 그는 '먹이통'과 '사료 시렁'이란 비유적인 표현을 통해서 재판용 서류로 가득한 서기석과 재판관석을 암유한다. '먹이통'은 시렁 밑에 있는 것이 보통이므로 이것을 시是를 비非로 만들고, 비非를 시是로 만드는 샤 푸레(재판소 관원) 족들의 세계를 풍자한다.

라블레는 가톨릭교회와 로마교황의 폐단과 횡포를 비판한다. 그는 <서문>에서 로마교황이 신도에게 주는 '대사(大赦)'에 대해 언급하고 있는데, 이는 속죄대사의 행사로 1300년경부터 행해졌으며, 처음엔 100년마다 다음에는 50년마다(클레멘스 6세) 다음엔 33년마다(그레고리우스 11세), 25년마다(파울루스 2세)로 기간이 단축된 사실을 잘 알고 있다.

제3장 종이 울리는 섬에는 이 세상에는 태양이 하나밖에 없는 것과 마찬가지로 파프고(교황 새)가 한 마리밖에 없는데, 그것이 죽으면 카르댕고(추기경 새) 전 종족 중에서 육체의 교접 없이 한 마리가 태어나고, 그런 식으로 이 종족에는 불사조처럼 한 분이 유일무이하다는 것과 영원히 자리를 계승받는다. 이 섬의 에디튀 선생이 새가 된 조가족이 살게 된 연유를 설명하던 중, 월령으로 약 2,760을 헤아리는 두 마리의 파프고가 이 세상에 나타났다고 하며 그 이후 이 섬에 가장 큰 재앙을 가져왔다고 말한다. 이 숫자와 그 의미는 가톨릭교회 내에 있었던 '분열' 중 가장 중대한 14세기의 '대분열' 즉 로베르 드 주네브가 1380년 클레멘스 7세를 참칭僭稱하고 교황으로 등극하여 프랑스의 아비뇽의 교황청을 열고 로마의 우르바누스 6세와 대치한 사건을 가리킨다. 아비뇽의 교황 클레멘스 7세가 죽은 뒤 1394년 '대분열'은 끝났는데, 이는 가톨릭교회의 권력에 대한 통렬한 비판이다.

라블레는 제8장 종이 울리는 섬에 관한 여러 에피소드 중에 수반을 언급하며 로마교황이 내리는 파문선고를 암시하고 있다. 이 수반은 파문선고 때 치는 종이지만 종을 거꾸로 하면 수반의 모양이 된다. 파뉘르쥬는 파프고(교황 새)와 그를 둘러싼 새들을 보고 새장 밑에 부엉이가 있는 것을 발견했는데, 이 부엉이는 밤에 다른 새를 습격하는 악마 같은 새로 로마교황의 애첩을 암유한다. 사실상 종이 울리는 섬의 일화는 로마교황청에 대한 암시로 라블레는 로마교황청이 유럽의 가톨릭

국가에서 징수하는 막대한 수익을 창출하고 있음을 꼬집고 있다.

중세의 신 중심에서 인간 중심으로 탈바꿈 한 르네상스의 문화는 이탈리아에서 독일, 프랑스, 스위스, 영국 등 북유럽 등으로 전파되었다. 북유럽의 르네상스는 고대 그리스철학과 문예에 관심을 가지기 보다는 자신들의 일상생활에 대한 성찰로 출발하였다. 르네상스가 가톨릭교회 중심의 중세를 한 단계 뛰어넘은 시기였지만, 로마 교황의 절대적 권력은 그야말로 무소불위였다. 북유럽의 경우 구교로 대표되는 가톨릭과 신교인 칼뱅파 사이에서 종교적 갈등으로 심화되고 있었고, 루터도 가톨릭교회와 수장을 정면에서 공격하였다. 칼뱅과 루터로 대표되는 신교는 인간에 대한 믿음을 가지고 교황의 권위와 성직의 위계를 무너뜨리는 새로운 신앙관을 추구했다. 이런 종교적 갈등은 종교개혁으로 이어져 유럽 전체에 피바람을 불러일으켰다.

라블레는 제6장 종이 울리는 섬에서 에디튀의 입을 통해서 풍요의 뿔과 보물, 산해진미의 것들이 여러 나라에서 들어오지만, 북쪽지방의 어느 지역은 제외되었다고 말한다. 바로 이곳은 영국, 독일 등 북방의 나라들, 특히 종교개혁운동이 퍼진 나라들을 가리킨다. 제26장에서 '게르마니아' 지명이 언급되었는데, 이 지역은 종교개혁운동이 활발했던 독일과 스위스를 중심으로 하는 동북 유럽을 가리키고 있다. 또한 같은 장에서 장 수도사는 프르동 수도사와의 대화를 통해 게르마니아에서는 수도원을 파괴하고 수도사를 환속시킨다는 주장을 하고 있다.

라블레는 제28장에서 에피스테몽의 입술을 통해서 사순절제도의 철폐를 주장하며 사순절결재에 반대하는 종교개혁운동의 진전이나 이 제도의 시비를 의제로 채택한 트렌토공회의의 일을 암유하고 있다.

또한 '눈이 한 개인 사람들'의 뜻으로 '아리마스티앙'이란 말을 사용하는데, 이는 고대인이 북방의 한 민족에게 준 명칭으로 애꾸의 신앙심밖에 안 가진 이단자들, 특히 과격하고 급진적인 신교도들의 행태를 낱낱이 지적한다.

라블레는 『가르강튀아』 첫 면지에서 이 작품을 '팡타그뤼엘리슴으로 충만한 책'으로 소개하고 있는데, 이는 그의 모든 소설, 특히 『제5서』 <서문>에서 정의된 라블레의 시대정신과 철학사상을 여실히 반영하고 있다고 볼 수 있다. 라블레는 그의 소설에 왜 환상적인 모험을 펼칠 거인 왕을 탄생시켰을까? 그는 먹고 마시고 쾌락주의적인 생활을 영위하는 거인들의 이야기를 통해서 금욕주의에 대한 반발 등 중세적 질서와 사고에 정면으로 도전하고자 노력했다. 거대한 장벽을 허물기 위한 거인이 필요해서인지 모른다. 하지만 후기작품에서 엄청난 힘을 소유한 육적인 거인의 풍모는 거의 사라지고 의식의 변모를 가져온다. 즉 영적인 거인으로 거듭난다.

라블레는 거인왕의 출생에서 영웅적 활약상으로 이어지는 연대기 형식의 담론으로 당대 프랑스의 지적 풍토와 종교, 정치, 사회 상황을 충실히 반영하고, 프랑스 르네상스의 이상을 형상화하였다. 위마니스트 거인 왕들을 통해 인문주의의 이상을 실현하고 현세적 삶의 공포와 두려움 속에서 진정한 자유와 행복, 진리를 추구하려는 인간중심적 가치관을 확립함으로써 라블레는 그가 처해 있던 시대상황을 사실적으로 묘사하였다.

*　*　*

필자는 라블레의 마지막 책, 『팡타그뤼엘 제5서』의 번역 작업에 앞서 진위 문제로 여러 해 동안 고민을 해왔다. 이 책의 진위 문제가 전문가들의 고증학적 연구와 다양한 검증에도 불구하고 논란의 중심에 있는 위서 문제에 관한 결정적 단서나 거증擧證이 발견되지 않은 현 상황에서, 라블레의 '초고'에 근거를 두고 있기 때문에 전적으로 위작은 아니라는 전문가들의 주장에 공감하는 시대적 경향과, 적어도 당대 출판업자들이 라블레 전집에 이 책을 포함시켰던 사실을 바탕으로 『제5서』의 번역을 착수하였다.

필자는 라블레의 『팡타그뤼엘 제5서』 번역을 위해 기 드메르송(Guy Demerson)의 『라블레 전집』(Rabelais, *Œuvres Complètes*, Paris, Seuil, 1973)을 사용하였다. 또한 고故 미셸 시모냉(M. Simonin 역자의 박사학위논문 지도교수)의 비평판본[1] 『제5서』(연대미상의 필사본 사용)를 참고하였다. 다소 속독을 방해하더라도 독자의 이해를 도울 필요가 있다고 생각되는 용어와 비유적·상징적 알레고리로 읽을 수 있는 대목이나 부분에 주석을 달았다. 그리고 라블레의 생애와 작품세계의 이해를 도모하고자 「라블레 연보」를 이 역서 말미에 실었다.

---

1 *LES CINQ LIVRES: Gargantua/Pantagruel/Le Tiers Livre/Le Quart Livre/Le Cinquième Livre*, Ed. critique de J. Céard, G, Defaux et M. Simonin, Paris, Le Livre de Poche, 1994.

*　　*　　*

얼마 전 사랑하는 아내가 홀연히 세상을 떠났다. 참으로 감당하기 어려운 고통과 슬픔 속에서 숙명과도 같은 학자적 사명감에서 오로지 번역에 전념하였다. 이 벅차고 고된 작업을 마쳤지만 필자의 지적 능력의 한계와 부족함이 여실히 드러나기에 부끄럽기 짝이 없다. 끝으로 그 힘든 시간 함께 한 분들께 진심으로 감사의 뜻을 전하고 싶다. 이 역서의 편집과 출판을 위해서 수고하신 도서출판 신아사대표님과 편집진에게 고마움을 전한다.

2019년 겨울 도안동 캠퍼스에서 옮긴이 씀

라블레 연보

▶ 1483년 또는 1494년 :

· 프랑스 중서부 투렌의 쉬농 근처, 라 드비니에르(La Devinière)에서 변호사(?)인 앙투완 라블레의 막내아들로 출생.

▶ 1510 ~ 1526년 :

· 청년기를 방데 지역 퐁트네 르 콩트의 프란체스코 수도회 수도사 생활과 마이유제 근처 수도원인 베네딕트회 수도사로서 푸아투 지방에서 수도사 생활.

· 이 지방 출신인 앙드레 티라코와 아모리 부샤르 등, 시인과 법률가들이 모이는 문예 살롱에서 고대문화에 관심을 갖고 히브리어와 그리스어 연구.

· 기욤 뷔데와 장 부셰와 서신교환.

▶ 1526 ~ 1528년 :

· 수도원 생활을 청산하고 부르쥬, 오를레앙, 파리 등, 여러 대학 도시 체류.

▶ 1528 ~ 1530년 :

· 환속사제가 된 라블레 파리 체류.

· 파리의 어느 미망인과의 사이에서 사생아 프랑수아와 쥐니 출생.

▶ 1530년 :

· 몽펠리에 체류.

· 9월 17일 유럽 최고의 전통을 자랑하는 몽펠리에 의과대학 등록.

▶ 1531년 :

· 4월 17일 ~ 6월 24일, 몽펠리에 의과대학에서 히포크라테스와 갈레

노스의 그리스어 원전 강의

▶ 1532년 :

· 1차 로마여행 : 2월 ~ 4월 장 뒤 벨레의 주치의로 이탈리아 수행.
· 10월 알코프리바스 나지에 필명으로 리옹의 클로드 누리 출판사에서 처녀작 『팡타그뤼엘』 출간.
· 12월 에라스무스에게 라틴어 편지를 보냄. 현재 옥스퍼드 대학에서 소장.

▶ 1533년 :

· 소르본 신학부가 『팡타그뤼엘』을 외설 문제로 금서처분 함.

▶ 1532 ~ 1534년 :

· 리옹 체류.
· 리옹시립병원 의사로 근무하면서 히포크라테스와 갈레노스 문집주석판 발행.

▶ 1534년 또는 1535년 :

· 『가르강튀아』 출간.

▶ 1535년 :

· 1월 라블레의 부친 앙투완 라블레 사망.

▶ 1535 ~ 1536년 :

· 7월 15일 추기경 장 뒤 벨레의 주치의로 로마 체류.
· 로마교황 바울 3세에게 배교 사죄와 세속사제 허가를 간청.

▶ 1536년 :

· 사생아 테오뒬 두 살 때 사망.
· 뒤 벨레의 도움으로 파리 근교 생 모르 데 포쎄 수도원 사제직 수행.

▶ 1537년 :

· 5월 22일 몽펠리에 의과대학에서 의학박사 학위를 취득.
· 여름 리옹에서 의료 활동을 하면서 인체해부실험.
· 10월 18일 ~ 1538년 4월 14일, 몽펠리에 대학에서 히포크라테스 강의.

▶ 1541년 :

· 3월 뒤 벨레의 형인 기욤 뒤 벨레의 주치의 겸 비서로 이탈리아 북부 토리노 체류.

▶ 1542년 :

· 『팡타그뤼엘』과 『가르강튀아』 개정판 출간.

▶ 1543년 :

· 라블레의 보호자인 기욤 뒤 벨레와 조프루아 데스틱삭의 죽음 이후, 『팡타그뤼엘』과 『가르강튀아』 발행 및 발매금지.

▶ 1546년 :

· 『팡타그뤼엘 제3서』 출간과 동시에 발매금지 및 금지처분으로 그 당시 황제 카알 5세의 땅인 메스(프랑스 동북부)로 피신.

▶ 1547년 :

· 뒤 벨레 추기경에게 망명지 메스에서 여러 가지 어려운 상황을 적은 편지를 보냄.

▶ 1547 ~ 1549년 :

· 장 뒤 벨레와 함께 3차 로마여행.

▶ 1548년 :

· 리옹에서 『팡타그뤼엘 제4서』(서론과 제1장 ~ 제11장) 부분출판.

▶ 1550년 :

· 장 칼뱅이『좌절론』에서 라블레를 모질게 비판 함.

· 장 뒤 벨레가 체재하고 있는 파리 근교 생 모르 데 포쎄 수도원 체류.

▶ 1551년 :

· 라블레 두 사제직 수행

① 생 마르텡 드 뫼동(파리 근교)

② 생 크리스토프 뒤 잠베(르망)

▶ 1552년 :

·『팡타그뤼엘 제4서』출간.

· 소르본대학 신학부의 고발로 금서로 지정.

· 10월 라블레가 쇠사슬에 묶인 채 투옥되었다는 소문이 리옹에 퍼졌으나 그 진위는 불확실함.

▶ 1553년 :

· 두 사제직 사임.

· 3월 초 혹은 4월 9일 파리에서 사망하여 생 폴 교회묘지에 안장.

▶ 1562년 :

· 유작『종이 울리는 섬』16장 부분출판.

▶ 1564년 :

· 유작『팡타그뤼엘 제5서』출판

권국진

목원대학교 불어불문학과 졸업
한국외국어대학교 대학원 불어과 석사
프랑스 르네상스 고등연구소(CESR) 문학박사
현재 목원대학교 국제문화학과 교수

외국어 저서로 「라블레의 '팡타그뤼엘 제4서'에서 의식변형에 관한 인문주의적 고찰」(ARNT, 프랑스북부출판사, 2003년)이 있으며, 역서로 라블레의 「가르강튀아」(2002년), 「팡타그뤼엘」(2005년), 「팡타그뤼엘 영웅담 3서」(2008), 「팡타그뤼엘 영웅담 4서」(2011)가 있다. 라블레와 르네상스문학에 대한 여러 편의 논문이 있다.

팡타그뤼엘 제5서

초판 1쇄 발행 _ 2019년 5월 31일

역　　자 • 권 국 진
발 행 인 • 정 현 걸
발　　행 • 신 아 사
인　　쇄 • 대명프린팅
출판등록 • 1956년 1월 5일 (제9-52호)
주　　소 • 서울시 은평구 통일로 59길 4 (2F)
전　　화 • 02)382-6411 · 팩스 02)382-6401
홈페이지 • www.shinasa.co.kr
E-MAIL • shinasa@daum.net

ISBN 978-89-8396-346-8 (93860)

정가 13000원